工商管理专业教学实践新研究

陈铁军　著

中国原子能出版社

图书在版编目(CIP)数据

工商管理专业教学实践新研究 / 陈铁军著. — 北京：
中国原子能出版社，2022.4（2025.3 重印）

ISBN 978－7－5221－1968－7

Ⅰ.①工… Ⅱ.①陈… Ⅲ.①工商行政管理—教学研
究—高等学校 Ⅳ.①F203.9

中国版本图书馆 CIP 数据核字(2022)第 093987 号

工商管理专业教学实践新研究

出版发行	中国原子能出版社(北京市海淀区阜成路 43 号　100048)
责任编辑	胡晓彤
装帧设计	刘慧敏
责任校对	赵　明
印　　刷	北京天恒嘉业印刷有限公司
经　　销	全国新华书店
开　　本	787 mm×1092 mm　　1/16
印　　张	12.5
字　　数	224 千字
版　　次	2022 年 4 月第 1 版　2025 年 3 月第 2 次印刷
书　　号	ISBN 978－7－5221－1968－7　　定　价　75.00 元

网址:http://www.aep.com.cn　　E-mail:atomep123@126.com

发行电话:010－68452845

前　言　PREFACE

工商管理专业面向企事业单位,培养既掌握宽厚的管理基本理论和知识,又有较强的语言文字表达、人际沟通等实践能力,具有可持续发展潜质的应用型管理人才。专业导论课是面向新生开设的专业启蒙课程,旨在帮助他们清晰完整地认识就读的专业,加深对所学专业的感情,激发专业学习的热情,引导学生适应大学学习生活,启发他们掌握正确的学习方法。

本书充分考虑当前应用型院校对工商管理需求的特点,结合就业市场对工商管理类人才的需求,以能力培养为本位,以针对岗位的系统化训练内容为重心,建设定位准确、特色比较明显的工商管理学科。其主要内容包括:工商管理专业、经营战略管理基础、市场营销理论、组织结构管理、人力资源管理基础、运营管理与财务管理、创新管理实践、信息化与管理实践。

本书在写作过程中,笔者参考了部分相关资料,获益良多。在此,谨向相关学者、师友表示衷心感谢。

由于水平所限,有关问题的研究还有待进一步深化、细化,书中不足之处在所难免,欢迎广大读者批评指正。

著　者

2022 年 3 月

目 录 CONTENTS

第一章 工商管理专业

第一节 工商企业管理

一、工商企业及其分类

(一)工商企业

企业是指以营利为目的,运用劳动力、资本、土地、技术等各种生产要素向市场提供商品或服务,实行自主经营、自负盈亏、独立核算的具有法人资格的社会经济组织。早期的企业较多地出现在工业和商业领域,因此概括地称为工商企业。企业的含义十分丰富,不同学科对企业的内涵有着不同的认识。经济学认为,企业是创造经济利润的机器和工具;社会学认为,企业是人的集合;法学认为,企业是一组契约关系;管理学则认为,企业是为实现盈利而形成的一类组织。

亚当·斯密在其经典著作《国富论》中用劳动分工来解释企业出现的原因,劳动分工导致专业化生产,这种专业化生产的优势在企业内部表现得最为明显,劳动分工使原来整体的制造流程被分为各种专门职业,这种专门职业的形成与发展使工人获得了更多的熟练技巧和判断力。各种专门职业的合作生产,使企业能够完成单个人无法完成或无法大量完成的工作。亚当·斯密曾对制针行业进行了观察,发现制针行业操作环节众多,如果没有分工,一个工人可能一天也制作不出一根针。而当时的工厂将制针分为 18 种操作,由 18 个工人担任,也有些工厂由一个工人兼任两三种操作。这种分工大大提高了劳动生产率,每天平均每人可以生产 4800 枚针,效率的提升是相当惊人的。

企业是社会分工发展的产物。从劳动分工的角度来看,企业这种经济组织将具有专门技能、分属于不同职业的人集中在一个作坊里,利用专门的机器实现某些特殊工艺,实现了专业化生产。企业存在的意义是能够利用劳动分工和专业化的优势促进劳动生产率的提高。随着社会分工的不断发展壮大,企业现在已经成为市场经济活动的主要参与者,构成了市场经济的微观基础。

(二)工商企业的分类

根据我国现行的有关法律条款规定,按照投资人的出资方式和所承担的法律责任不同,企业主要存在三类组织形式:个人独资企业、合伙企业和公司制企业,其中公司制企业是现代企业中最主要和最典型的组织形式。

▶▶ 1. 个人独资企业

个人独资企业是最古老也是最常见的企业法律组织形式,又称个人业主制企业,是由一个自然人投资并承担无限连带责任,全部资产为投资者个人所有的营利性经济组织。这类企业的典型特征是个人出资、自负盈亏,业主对企业债务承担无限责任。当个人独资企业财产不足以清偿债务时,经营者要以个人其他资产予以清偿。这类企业的创设条件最简单。

▶▶ 2. 合伙企业

合伙企业是指由两个或两个以上的人共同出资经营,共享收益,共担风险,并对合伙企业债务承担无限连带责任的营利性组织。合伙企业通常要订立合伙协议,决策要合伙人集体做出,不如个人独资企业自由,但具有一定的规模优势。合伙企业包括普通合伙企业和有限合伙企业两种形式。两者最大的区别在于有两种不同类型的所有者,即普通合伙人和有限合伙人。其中,普通合伙人对合伙企业的债务负无限责任,而有限合伙人仅以投资额为限承担有限责任,但一般不拥有对企业的控制权。

▶▶ 3. 公司制企业

公司是现代社会中最主要的企业形式,是以营利为目的,由法定人数以上的投资者出资形成,拥有独立的资产,享有法人财产权,独立从事生产经营活动,依法享有民事权利,承担民事责任,并以其全部财产对公司的债务承担责任的企业法人。与个人独资企业、合伙企业相比,公司制企业最大的特点是仅以其所持股份或出资额为限对公司承担有限责任。公司制企业的主要形式为有限责任公司和股份有限公司。

二、工商企业管理

(一)管理的起源

　　管理是人类社会活动和生产活动中普遍存在的社会现象。管理实践活动已存在了上千年,几乎与人类历史一样悠久。早在原始社会,人们为了抵御恶劣的自然环境就形成了以血缘关系为基础的氏族部落,从事集体劳动并共同生活。推选出的部落首领负责安排狩猎等组织活动,进行简单的分工协作,猎取的食物按照一定的规则在成员间进行分配等,这些维持共同生活的组织活动就是管理实践,虽然处于原始的自发状态,但其本质与今天的管理并无差异。

　　人类的管理实践活动基本与人类的出现同步,并在人类的各种组织,如家庭、氏族、企业和国家中发挥着获取发展、促进成长的作用。组织中的成员要想实现分工协作,达到预期目标,必须对参与分工协作的成员的行为、利益等进行协调,使成员能够心往一处想、劲往一处使,取得"1+1>2"的效果。管理是协作的客观需要,共同劳动涉及的范围越广,管理工作就越复杂。

　　人们基于群聚活动建立具有共同目标的组织之后,就必然出现指挥的工作来协调人们的活动。这是一种新的社会职能,它不同于这个群体活动中每个人所干的具体工作,而是一种以协调个人活动以取得总体目标的社会职能。显然,这种指挥的工作就是我们这里所说的管理活动了。

　　18世纪下半叶,从英国开始的工业革命,导致工厂制度的出现,孕育和发展出一批大型企业组织,规模经济成为竞争的重要战略方向。但现代意义上的社会大生产带来了一系列新的管理问题,新工厂体制下的管理者无法确保各种资源的合理使用配置。新兴的工厂制度所提出的管理问题完全不同于以前传统组织所碰到的管理问题。这些前所未有的管理问题需要人们去研究解决,在这种情况下,针对企业的管理研究开始出现。

(二)工商企业管理

　　人们的劳动专业化分工和相互协作形成各类工商企业客观需要,共同劳动涉及的范围越广,管理工作就越复杂。从管理实践来看,企业的寿命极为短暂。我国民营企业面临极为激烈的市场竞争,对其寿命虽然估计不甚精确,但有研究表明中国民营企业的平均寿命为7.5年。

对于工商企业如此短命的现象，诸多管理学者已做出各自的解释。管理学家切斯特·巴纳德曾指出："在人类的历史中，显著的事实是协调的失败，协作的失败，组织的失败，组织的解体、崩坏和破坏。"管理大师彼得·德鲁克也曾经十分确定地指出："显然，公司是人为建立的机构，因而它不可能长盛不衰。对一个人为建立的机构而言，即使是维持50年或一个世纪的短暂时光也谈何容易。"由此可见，管理问题是企业之所以如此短命的根本原因。

工商企业管理就是借助管理这种手段，来实现企业盈利并持续经营的目标。工商企业管理与工商行政管理存在着本质区别。工商企业管理定位于具体企业，其目标是提高单个企业的竞争力，改善经营业绩，增加股东回报，为企业决策提供依据。一般来说，在讨论企业管理问题时，我们会站在某个企业的立场上，关心如何解决其所面临的独特问题，如何能够将企业利益最大化，发掘出其核心竞争力。虽然随着时代的发展，企业也开始承担社会责任，但其社会责任决策也要服从营利性这个根本目标。

工商行政管理属于公共管理学科的范畴，是指国家为了建立和维护市场经济秩序，通过市场监督管理和行政执法机关等，运用行政和法律手段，对市场经营主体及其市场行为进行的监督管理。工商行政管理的执行主体是各地的工商行政管理局，其主要职能是监督管理各类市场、依法规范市场交易行为，保护公平竞争，查处经济违法行为，取缔非法经营，维护正常的市场经济秩序。工商行政管理的主要目的是站在政府的角度，保护公平竞争，制止不正当竞争，保护经营者和消费者的合法权益，维护整个市场的公平与效率。

第二节　工商管理学科

一、工商管理学科的主要内容

（一）研究对象

管理学科是系统研究管理活动的基本规律和一般方法的科学，主要研究管理者如何有效地管理其所在的组织。不同行业、不同部门、不同性质的组织，其具体的管理方法和内容可能很不相同。一般来说，管理学的研究对象主要包括三类组织：营利性组织、非营利性组织、政府部门。营利性组织的管理是工商管理，非营利性组织的管理是公共事业管理,政府组织的管理是行政管理。

工商管理学科是研究营利性组织——企业,包括不同产业、不同性质、不同规模的各种类型企业的生产、经营与管理问题所遵循的基本理论、基本原理和基本方法的学科。具体地说,工商管理学科以工商企业的管理问题为研究对象,以经济学和行为科学为主要理论基础,以统计学、运筹学等数理分析方法和案例分析方法等为主要研究手段,探讨和研究工商企业如何把市场配置给企业的各种可支配资源,如土地、劳力、资金、技术、信息等,最充分合理地组织和利用起来,以获得最大的经济和社会效益。工商管理学科的研究目的是探索、归纳和总结出管理活动的一般理论、规律和方法,为企业或经济组织的管理决策和管理实践提供管理理论指导与科学依据,培养各类专业管理人才,提高企业经营管理效率,推动企业持续发展,从而促进社会经济的发展。

(二)研究内容

工商管理学科的研究内容主要是企业的经营管理活动,活动的效率、效果,以及与此相关的各类问题。这些问题大致包括:公司治理、生产运营、物流配送、组织行为与人力资源、财务与会计、市场营销与品牌创建、管理信息系统与互联网技术应用、技术创新管理、战略管理、服务管理等有关管理职能问题;企业产品或服务设计、采购、生产、运营、投资、理财、销售、战略发展等管理决策问题;企业作为一个整体与宏观社会、文化、政治、经济等外部环境之间的关系问题;企业创业、成长、危机及衰退等组织演进问题。工商管理学科体系包括四个子学科:基础管理学科、综合管理学科、职能管理学科和专门业务管理学科。

▶▶ 1.基础管理学科

基础管理学科包括管理学原理、管理心理学、管理经济学和组织行为学等。在工商管理专业培养方案中,这些学科的知识通常设置为专业基础课程,目的是为专业课奠定必要的基础,为后续专业学习提供基本理论、工具和方法。专业基础课是大学生学习专业课程、形成专业能力的重要基础,并与专业课程共同构成了大学专业教育的核心课程体系。

▶▶ 2.职能管理学科

职能管理学科包括生产管理、质量管理、营销管理、人力资源管理、会计学、财务管理、技术创新管理等。这些领域的研究相对比较成熟,在工商管理专业中通常设置为专业核心课程。这些课程的目的是使学生掌握必要的专业基本理论、专业知识和专业技能,了解本专业的前沿科学技术和发展趋势,培养分析解决本专业范围内一般实际问题的能力。工商企业中一般都设置有相关的职能部门专门负责某一职能方面的管理工作。

3.综合管理学科

综合管理学科包括战略管理、领导科学等。战略管理、领导科学等课程侧重于概念性技能的培养,企业中难以设置相应职能的部门,这些技能对于高层管理者非常重要。由于高层管理者在企业中承担着制定战略、做出重大决策、分配资源等工作,同时对整个企业的绩效负责。因此他们需要具备纵观全局,分析判断所处环境并能识别其因果关系的概念性技能。

4.专门业务管理学科

专门业务管理学科包括项目管理、资产管理、房地产管理、电子商务管理、风险管理、会展和赛事管理等。这类学科知识通常以专业选修课的形式进行教授,大学生可以根据自己的兴趣和发展方向自主选择。在实践中,这些领域是近年来发展最快的新兴行业,行业的发展对人才产生了较大的需求,也提供了较多的就业岗位。

(三)研究基础

工商管理学科的基础理论主要包括经济学理论、行为科学理论、博弈论与决策论等。

首先,企业经营活动和管理决策在很大程度上受到宏观经济的影响,因此,经济学是工商管理学科的基础理论之一。由于经济管理一词的使用频率非常高,经济学与管理学经常被人们认为是大同小异的学科,但实际两者存在很大差异。经济学讲求社会整体的效率与公平,以提高社会公共福利为宗旨,关注行业政策和行业结构等宏观层次的问题,为政府制定政策提供依据。管理学虽然也要兼顾社会的整体利益,但其重点却是为企业利益服务,以提高单个企业竞争力、改善经营业绩、增加股东回报为目标。这意味着后者会关心如何面对同样的行业宏观环境建立企业独特的竞争优势,而前者甚至可能试图降低某些企业甚至行业的利润率,以实现公众利益的最大化。管理学通常以个别企业为研究对象,关心的是如何解决其面临的独特问题,以及如何发掘其核心竞争力。

其次,经营管理活动和决策的主体是人,而人的个体或群体心理行为会影响企业的经营活动和管理决策,因此,行为科学同样成为工商管理学科的基础理论之一。管理主要是处理人与人之间的关系,行为科学是一门研究人们行为规律的科学,主要研究如何激发人的工作积极性,提高劳动生产率,改善并协调人与人之间的关系,缓和劳资矛盾。行为科学借助了心理学、社会学、人类学等学科的很多成果,从中寻找对待企业员工的新方法及提高劳动效率的途径。

最后,工商管理学科研究企业各种职能部门经营管理活动和管理决策,而在企业经营管理中面临复杂的内部管理问题和激烈的外部市场竞争,因此,博弈论和决策论近年来也逐步成为工商管理学科的基础理论之一。由于工商管理学科内容的复杂性、交叉性、综合性和复杂性特征,各类专业还有自己一些独特的专业理论系统,主要包括财务与会计、生产运营管理、物流与供应链管理、组织行为与人力资源、技术管理、市场营销、企业战略管理等相关理论体系。

(四)研究方法

从研究方法看,工商管理学科使用了自然科学、工程技术科学和社会科学研究中的主要方法,包括理论研究方法和应用研究方法。理论研究方法包括统计学、运筹学、数学建模和优化技术等数理分析方法;应用研究方法有案例研究、项目研究、行动研究、模拟研究和实验研究等。此外,随着自然科学、社会科学和信息技术的发展,工商管理还不断引入其他学科的研究方法,包括心理试验、计算机仿真模拟技术、数据挖掘分析、非线性动力学、多元分析技术等。

二、工商管理学科的特点

(一)综合性

工商管理学科是一门综合性的交叉学科。管理活动在各种类型的企业中普遍存在,是企业中的人、财、物、信息、技术、环境等要素的动态平衡。管理过程的复杂性、动态性和管理对象的多样化决定了管理所要借助的知识、方法和手段的多样化。因而工商管理学的研究也必然涉及众多的学科,主要有经济学、社会学、心理学、生理学、人类学、伦理学、政治学、法学、数学、计算机科学、系统科学等。

工商管理学科的这一特点对管理人才的知识结构提出了更高的要求。管理的综合性,决定了我们可以从各种角度出发研究管理问题;管理的复杂性和对象的多样化,则要求管理者具有广博的知识,能对各种各样的管理问题应付自如。

(二)实践性

工商管理学研究的主要对象是企业管理实践。无论是经济学、计量方法还是行为科学都只是管理研究的工具。理论来自于实践,又对实践起到指导作用。工商管理学是从人类长期实践中总结而成的,同样要去指导人们的管理工作。由于管理过程的复杂性和管理环境的多变性,管理知识在运用时具有较大的技巧性、创造性和灵活性,很难用固定的规则或原理定义,因此管理具有很强的实践性。

对工商管理工作来说,越高层的管理,如董事长和 CEO 的工作,艺术成分越多;越基层的管理,如部门经理或车间主任,甚至是现场调度或质量控制的工作,科学成分越高。管理学科的实践性,决定了学校是培养不出"成品"管理者的。要成为一名合格的管理者,除了掌握管理学的基本知识以外,更重要的是要在管理实践中不断磨炼,积累管理经验,从干中学,干学结合才能真正领悟管理的真谛。

(三)不精确性

人们通常把在给定条件下能够得到确定结果的学科称为精确的科学。如数学,只要给出足够的条件或函数关系,按一定的法则进行演算,就能得到确定的结果。工商管理学则不然,它具有不精确性。

例如,企业管理活动中要先进行计划,然后根据员工不断变化的需求调整相应的激励手段,这些可以称之为管理原则。显然,这些原则与数学、物理中的精确描述的定理等区别很大,它们缺乏精确科学中的严密性。其主要原因是影响管理的因素众多,无法准确判定因素之间的相互关系;另外,管理主要是与人打交道,人的心理变化、思想情绪等很难准确地控制,无法使用量化方法精确地度量。

尽管管理学不像自然科学那么精确,但它依然符合科学的特征。科学是正确反映客观事物本质和规律的知识体系,是不以人的意志为转移的客观规律。从这一点来说,管理学具备科学的特征,是一门科学,虽然不像自然科学那么精确,但经过几十年的探索、总结,已形成了反映管理过程客观规律的管理理论体系,据此可以解释管理工作中存在的各种现象,并且预测未来可能发生的变化。管理学不仅可以用许多自然科学中所用的方法定义、分析和度量各种现象,还可以通过科学的方法进行学习和研究,不同的只是其控制和解释干扰变量的能力较弱,不能像自然科学那样进行严格的实验。

第三节　工商管理学的结构体系

一、工商管理学科结构

(一)学科的概念

学科是相对独立的知识体系。学科有两层含义:一是作为学问或知识体系的分支,即科学的分支或知识的分门别类,如自然科学中的化学、物理学,社会科学中的政治学、法学等;二是指教与学的科目,即从传递知识、教育教学的角度来教授的各类科目。学科来自于人类的知识和活动产生的经验,经验通过积累和消化形成认识,认识通过思考、归纳、理解、抽象上升为知识,知识在经过运用并得到验证后进一步发展到科学层面形成知识体系,处于不断发展和演进的知识体系根据某些共性特征进行划分而形成学科。

衡量一门学问是否能够称为"学科"主要有四项指标:①是否有独特的研究对象;②是否有坚实的理论基础;③是否有完整的内容体系;④是否有科学的研究方法。经过长期的实践与理论研究,管理学已经形成相对独立而且明确的研究领域,完全符合四项判别标准。尽管其还不像数学、物理、化学等学科那样成熟,但已具备成为科学的基本条件。然而,管理与其他自然科学又有明显的差异。管理者需要在管理活动中运用管理理论和方法,随着管理环境的变化,理论和方法有一定的灵活性与技巧。

(二)工商管理学科设置

国务院学位委员会与教育部在 2011 年 3 月颁布了《学位授予和人才培养学科目录(2011 年)》,这是目前我国高校中所遵循的学科分类标准。这一目录是国家进行学位授权审核与学科管理、学位授予单位开展学位授予与人才培养工作的基本依据,适用于硕士、博士的学位授予、招生和培养,并用于学科建设和教育统计分类等工作。本科毕业生的学士学位要按该目录列出的学科门类授予。

《学位授予和人才培养学科目录》分为学科门类、一级学科和二级学科。学科门类包括哲学、经济学、法学、教育学、文学、历史学、理学、工学、农学、医学、军事学、管理学、艺术学 13 个大类。每一个学科门类下设若干一级学科,13 个学科门类下共有110个一级学科。一级学科是具有共同理论基础或研究领域,相对一致的学科集合。一级学科原则上按学科属性进行设置,须符合以下基本条件:①具有确定的研究对象,形成了相对独立、自成体系的理论、知识基础和研究方法;②一般应有若干可归属的二级学科;③已得到学术界的普遍认同,在构成本学科的领域或方向内,有一定数量的学位授予单位已开展了较长时间的科学研究和人才培养工作;④社会对该学科人才有较稳定和一定规模的需求。按照这些要求,管理学这个学科门类下设5个一级学科,分别是管理科学与工程、工商管理、农林经济管理、公共管理、图书情报与档案管理。

一级学科一般包含若干二级学科,是学位授予单位实施人才培养的参考依据。二级学科是组成一级学科的基本单元。二级学科设置应符合以下基本条件:①与所属一级学科下的其他二级学科有相近的理论基础,或是所属一级学科研究对象的不同方面;②具有相对独立的专业知识体系,已形成若干明确的研究方向;③社会对该学科人才有较稳定和一定规模的需求。二级学科目录每5年编制一次。由教育部有关职能部门在对现有二级学科的招生、学位授予和毕业生就业等情况进行统计分析的基础上,将已有一定数量学位授予单位设置的、社会广泛认同且有较大培养规模的二级学科编制成二级学科目录。

目前,工商管理一级学科下设会计学、企业管理、旅游管理、技术经济及管理4个二级学科。教育部已经提出学位授予单位可在本单位具有博士学位授权的一级学科下,自主设置与调整授予博士学位的二级学科;在具有硕士学位授权的一级学科下,自主设置与调整授予硕士学位的二级学科。高等院校根据自身情况在工商管理一级学科下自主设置二级学科,可以适应管理学科具有高度综合性的特征,同时进一步拓宽管理学科研究人才的培养途径。

(三)学位授予

本科层次的管理学教育主要是为企业、事业单位以及政府部门培养实践型管理人才。博士研究生层次的管理学教育则主要是为高等学校、科学研究机构培养管理学科研究人才或学术型管理人才。硕士层面的管理学教育包括两种类型的学位教育:学术型硕士学位教育和专业型硕士学位教育。学术型硕士学位在我国已发展多年,以培养教学和科研人才为主,偏重学术理论研究;而专业型硕士学位(以下简称为"专业学位")则定位于培养实践型管理人才。

专业学位是近年来快速发展的学位教育类型,相对于学术型硕士学位而言,专业学位研究生教育的目标是培养具有扎实理论基础,并适应特定行业或职业实际工作需要的实践型高层次专门人才。专业学位与学术型学位同样虽然同一层次，但是培养目标有明显差异。学术型学位按学科设置，以学术研究为导向，偏重理论和研究；而专业学位以专业实践为导向，重视实践和应用，培养在专业和专门技术上受到正规的、高水平训练的高层次人才。专业学位教育的主要培养目标不是从事学术研究，而是从事具有明显职业背景的工作，如会计师、职业管理人员、工程师等。目前，专业硕士招生数量每年增长很快，已占研究生总招生的50％以上，成为研究生教育中不可忽视的力量。学术型研究生和专业型研究生都是研究生培养的重要组成部分。

教育部颁布的专业学位授予和人才培养目录中的管理类专业硕士学位包括工商管理、公共管理、会计、旅游管理、图书情报、工程管理六类。

二、工商管理专业设置

（一）工商管理

工商管理专业主要依托工商管理学科下设的企业管理二级学科，面向工商企业的经营活动及其组织和管理工作培养人才。毕业生应该能够胜任企事业单位及其他类型组织中的各类管理岗位工作，尤其是需要超越各类具体职能工作，起到协调作用的中高层管理岗位。通过学习，毕业生应掌握管理学、经济学的基本原理和现代企业管理基本理论与知识；掌握企业管理的定性、定量分析方法；具有较强的语言与文字表达、人际沟通能力，具有创新精神和实践技能，成为高素质复合型人才。

（二）市场营销

市场营销专业主要培养能在企事业单位从事市场营销与管理工作的高级专门人才。市场营销是指工商企业根据目标顾客的要求，生产适销对路的产品，并从生产者流转到目标顾客的活动过程。营销的目的在于通过满足目标顾客的需要，实现企业利润最大化的目标。市场营销专业学生主要学习市场营销及工商管理方面的基本理论和基本知识，受到营销方法与技巧方面的基本训练，具有分析和解决营销问题的基本能力。

（三）会计学

会计学专业培养能在企事业单位及政府部门从事会计实务的高级专门人才。

会计学是在商品生产的条件下,研究如何对再生产过程中的价值活动进行计量、记录和预测,在取得以财务信息为主的经济信息的基础上,监督、控制价值活动,促使再生产过程,不断提高经济效益的一门经济管理学科。会计学专业学生主要学习会计、审计和工商管理方面的基本理论与基本知识,受到会计方法与技巧方面的基本训练,具有分析和解决会计问题的基本能力。

(四)财务管理

财务管理专业培养能够在企事业单位从事融资、投资及资本运营工作的高级专门人才。财务管理是研究如何通过计划、决策、控制、考核、监督等管理活动对资金运动进行管理,以提高资金效益的一门经营管理学科。该专业学生要掌握财务管理基本知识和技能,熟悉财务管理工作流程,制定财务分析报告和财务决策方案,具有分析和解决财务问题的基本能力。

(五)国际商务

国际商务专业培养能够在涉外经济贸易部门、中外合资企业从事国际贸易业务和管理工作的高级管理人才。国际商务是超越了国界产生的围绕企业经营的事务性活动,主要是指企业从事国际贸易和国际投资过程中产生的跨国经营活动。国际贸易包括货物、服务和知识产权交易;国际投资主要是指国际直接投资,包括独资、合资和合作经营。国际商务专业学生需要掌握国际商务理论、实务和国际商法,能较熟练地应用国际法规、外语开展商务活动。

(六)人力资源管理

人力资源管理专业培养能够在企事业单位及政府部门从事人力资源管理的专业人才。人力资源管理包括人力资源的预测与规划、工作分析与设计、人力资源的维护与成本核算、员工的甄选录用、合理配置和使用、员工绩效评估、员工薪酬管理、人员培训与开发,以及建立和谐的劳动关系等多个方面。人力资源管理专业学生应掌握人力资源管理理论和应用方法,熟练运用现代化管理的技能与手段,以适应各类组织人力资源管理工作的需要。

(七)审计学

审计学专业主要是面向国家审计机关、部门及各单位内部的审计机构和社会审计组织,培养能够从事审计实践工作的高级专门人才。审计是一种具有独立性的经济监督,审计的对象是被审计单位的经济活动和会计资料,审计审查的内容包括会计但不限于会计。审计专业学生主要学习会计、审计等方面的基本理论和基本知识,受到会计、审计方法和技巧方面的基本训练,具有分析和解决会计、审计问题的基本能力。

(八)资产评估

资产评估专业面向各类资产评估机构培养具备资产评估与管理的实践能力,能够从事资产评估工作的高级专门人才。资产评估是指评估机构及其评估专业人员根据委托对不动产、动产、无形资产、企业价值、资产损失或者其他经济权益进行评定、估算,并出具评估报告的专业服务行为。资产评估专业学生主要学习资产评估、会计、审计等方面的基本理论和基本知识,具有分析和解决资产评估问题的基本能力。

(九)物业管理

物业管理专业是面向物业行业培养能够完成物业行业监管、社区管理工作和物业项目的各类投资、开发、经营与管理工作的高素质人才。物业管理是指受物业所有人的委托,依据物业管理委托合同,对物业设备设施、绿化、卫生、交通、治安和环境容貌等管理项目进行维护、修缮和整治,并向物业所有人和使用人提供综合性的有偿服务。物业管理专业学生主要学习物业管理方面的基本理论、基本方法,受到物业管理方面的基本训练,具有分析和解决物业管理问题的基本能力。

(十)文化产业管理

文化产业管理专业主要培养能够在文化产业及相关产业,政府文化管理部门及文化事业单位从事文化经营管理、市场营销与策划、文化贸易与交流工作的应用型、复合型高级人才。文化产业管理专业主要探讨文化产业中各个行业以及综合经营管理中企业的盈利方法及其模式。文化产业管理专业学生主要学习文化产业管理专业基础理论和基本职业技能,受到文化产业管理方面的基本训练,具有文化产业管理岗位工作的技能。

第二章　经营战略管理基础

第一节　企业战略概述

一、企业远景

(一)企业远景的概念

当我们观看世界 500 强企业的宣传片时,首先映入眼帘的不是公司发展史,也不是主要产品线介绍,而是企业远景。可见,企业最为重视的、社会最为关注的,是企业的远景。

企业远景又称企业愿景,是企业在未来期望达到的一种状态,概括了未来目标、使命及核心价值。通俗地讲,企业远景就是企业未来将往何处去、能为社会带来何种价值。

(二)企业远景的要素

远景有 4 个特征:清晰、持久、独特、服务精神。

要想企业远景达到预期效果,对远景的清晰陈述是极为重要的,为此,企业在远景中要详细地阐述以下内容。

▶▶ **1. 界定公司的当前业务**

顾客需要什么,采取什么样的方式满足顾客的需求,这个问题看起来简单,但从战略角度看却不那么容易回答。

例如,可乐公司的业务是软饮料业务还是饮料业务? 如果是软饮料业务,则公司的战略注意点就应该集中在战胜其他可乐的软饮料上;如果是饮料业务,公司的战略重点就是如何同其他的水果饮料,即制成的茶饮料、瓶装水、运动饮料、牛奶和咖啡等方面进行竞争的问题。如果不是从软饮料的角度,而是从饮料的角度制定公司的企业远景,就可以更好地寻找一个营销的切入点。这样,就会使人们早晨饮用可乐,而不去喝咖啡。

▶▶ 2.确定公司未来发展方向

根据环境、资源和能力，指出公司未来发展前景，即要回答企业向何处去的问题。

▶▶ 3.界定实现发展规划的具体步骤

有一幅令人向往的愿景后，还要考虑如何到达那里的问题。为此，企业要考虑如何在目标市场上获得强有力的竞争优势，以得到理想的效益，考虑如何从领域及价值方面来进一步扩大消费者或客户的偏好等问题。

▶▶ 4.确定衡量效益的标准

确定衡量效益的标准，以此解决衡量效益问题，即企业的每一项业务都要为实现企业目标做出自己最大的贡献。例如，销售部门既要扩大市场领域，又要提高在原领域的市场占有率；人力资源部门要更好地使员工满意，使之保持工作的高绩效性；生产部门要提高质量，降低成本；研发部门要持续开发新产品，实现差异化竞争等。

▶▶ 5.界定企业远景的特殊性

各企业由于自身的条件与所处的外部环境不同，这就要求不同的企业对远景进行不同的表述，不具有一般性和普遍性。这样，企业才能指导具有自己特殊性质的与众不同的战略。

当然，企业所面临的环境不会是一成不变的。当企业的环境发生巨大变化时，这些变化往往会影响企业的前景，要求企业对自己发展方向做出大幅度的修订。

▶▶ 6.用一种清晰的、激动人心的文字来表达

只有用一种清晰的、激动人心的文字来表达远景，远景才会成为一种激励的手段。它能创造出众人目标一致的感觉，孕育出无限的创造力。

(三)企业远景的作用

精心策划、措辞恰当的企业远景对于企业来说具有重要的作用。

(1)使企业的高层管理者对企业的长期发展方向和未来业务结构有一个清晰的认识。

（2）降低由于缺少企业远景而给企业管理决策上所带来的风险。

（3）低层的管理部门可以依照它来制定部门使命,设置部门的目标体系,制定与公司的发展方向和战略协同一致的部门战略和职能战略。

（4）激励企业的员工竭尽全力为实现公司的远景做出自己的贡献。

二、企业使命

（一）企业使命的概念

企业使命是管理者为企业确定的较长时期的生产经营的总方向、总目标、总特征和总的指导思想。它界定了企业在全社会经济领域中所经营的活动范围和层次,具体表述了企业在社会经济活动中的身份或角色。

从概念可以看出,企业的远景与企业的使命有着本质的区别。企业远景考虑的是企业将会成为什么样的企业这一问题,即考虑企业未来的发展道路;而企业的使命则考虑企业的业务是什么的问题,即考虑如何将经营的重点放在企业已有业务与活动和满足所服务的客户的需求上。

（二）企业使命的作用

（1）决定战略方向。

（2）确定战略目标的前提。

（3）制定和选择战略方案的依据。企业在制定战略过程中,无论是制定备选方案,还是进行方案选择,都要把企业使命及其决定的战略目标作为依据。符合其方向和要求的战略方案,才是可行的方案,才会被选为正式方案。

（4）分配资源的基础。企业的资源是有限的。只有有了明确的企业使命,企业才能正确合理地把企业有限的资源分配到真正能够保证企业使命实现、使企业兴旺发达的经营事业和经营活动上去。

（5）设计企业组织和管理结构的前提条件。企业的组织和管理结构是为保证企业各项生产经营活动顺利进行、实现企业经营目标、完成各种经营任务服务的,也就是为企业经营战略的实现、保证企业生存发展服务的。归结起来,就是为实现企业使命服务的。因此,在设计企业组织与管理结构时,必须以企业使命为前提条件。

（6）提升企业的社会形象。一个良好的、明确的企业使命，能够起到协调企业利益相关者利益关系的作用，使大多数利益相关者能够理解和支持企业的战略目标，使尽可能多的利益相关者关心和参与企业的发展。

（三）企业使命的内容

企业使命主要包括企业哲学、企业宗旨和企业形象三个方面的内容。

（1）企业哲学是指一个企业为其经营活动方式所确立的价值观、态度、信念和行为准则，是企业在社会活动及经营过程中起何种作用或如何起这种作用的一个抽象反映。

（2）企业宗旨是指企业现在和将来应从事什么样的经营活动，以及应成为什么性质的企业或组织类型。

确定企业宗旨应避免以下两种情况：

一是将企业宗旨确定得过于狭隘。如一个生产洗衣机的企业如果将其宗旨只定义在清洗衣物上，则不可能去开发其他相关联的家电产品。

二是将企业宗旨确定得过于空泛。如一个汽车租赁公司如果将其宗旨定义为发展最快、利润最多，就排除了该公司开设汽车旅馆、航空线、旅行社等业务的考虑。

（3）企业形象是指一个企业在社会公众心目中的总体印象和综合评价。

企业对公众形象的重视反映了企业对环境影响及社会责任的认识。

（四）企业使命陈述的要求

（1）对企业进行定义并表明企业的追求。

（2）内容要窄到足以排除某些风险，宽到足以使企业有创造性的增长。

（3）将本企业与其他企业相区别。

（4）可作为评价现实及将来活动的基准体系。

（5）叙述足够清楚，使其在组织内能得到广泛理解。

（6）以消费者的基本需求为中心确定企业使命。例如，迪斯尼公司的使命是让人们快乐。

（7）正确的企业使命必须具有约束力。

（8）企业使命要具有鼓动性。例如，杜邦公司的使命是以优良的化学产品提高生活素质。

三、企业战略与战略管理

(一)企业战略概念

"战略"一词原来是军事术语。《中国大百科全书》对战略的解释是指导战争全局的方略。在《简明不列颠百科全书》对战略的解释是在战争中利用军事手段达到战争目的的科学和艺术。1965 年,著名战略学家、管理学家安索夫在其著作《企业战略》一书中开始使用"战略管理"一词,将战略从军事领域拓展至经济管理活动领域,把战略的思想和理论应用到企业管理当中。

根据理论界和企业界多数人的意见,企业战略可定义为:企业战略是企业在考虑各种资源的情况下,根据企业的目标、目的制定实现这些目标、目的的方式。简言之,企业战略是企业发展的长期性和全局性的谋划。

(二)企业战略的构成要素

根据安索夫的观点,企业战略由经营范围、成长方向、竞争优势和协同效应四个要素构成。

1.经营范围

企业经营范围是确定企业的产品与市场领域。产品与市场领域不仅包括企业现在所从事的事业活动(企业"正在做什么"),而且还包括企业将来的事业活动范围(企业"应该做什么"),以便使企业具有十足的成长空间。

2.成长方向

成长方向指企业产品与市场领域、企业的经营活动应该向什么方向发展。安索夫根据企业现有的产品、市场和将来发展的新产品、新市场的组合,指出企业可以采取四个方向发展的战略。

(1)市场渗透。一种立足于现有产品,充分开发其市场潜力的企业发展战略,又称为企业最基本的发展战略。由于市场渗透战略是由现有产品和现有市场组合而形成的,所以企业战略管理人员应当有系统地考虑市场、产品及营销组合的策略,以达到促进市场渗透的目的。例如,可口可乐公司凭借在上百个销售办事处的网络,向我国广阔的农村市场渗透延伸。

（2）市场开发。市场开发是用现有的产品开辟新市场领域的战略。它是通过发展现有产品的新顾客群或新的地域市场从而扩大产品销售量的战略。市场发展可以分为区域性发展、国内市场发展和国际市场发展等。

（3）产品开发战略。产品开发战略是指在现有市场上通过改良现有产品或开发新产品来扩大销售量的战略。产品开发战略是企业产品开发的军事路线图，指引产品开发的方向和路标。如某饮料生产企业先后开发了儿童营养液、果奶、纯净水、可乐、八宝粥、绿豆沙等30多种产品。

（4）多元化战略。多元化战略是由新产品领域和新市场领域组合而产生的成长战略，它是通过向未曾涉足的新市场投放新产品，开发新的经营领域，从而使企业获得发展的战略。

▶▶ 3. 竞争优势

竞争优势是一个企业在某些方面比其他的企业更能带来利润或效益的优势，它表明了企业某一产品与市场组合的特殊属性，凭借这种属性可以给企业带来强有力的竞争地位。

▶▶ 4. 协同作用

协同作用就是通常所说的"1＋1＞2"的效果。这是指若干因素的有效组合可以比单个因素单独作用产生更大的效果，也就是可以取得"1＋1＞2"的效果。企业中的这种协同效应可以表现在多个方面，如销售协同效应、生产协同效应、投资协同效应、管理协同效用等。

（三）企业战略的层次

企业战略不仅要说明企业整体远景及实现这些远景的方法，而且要说明企业内每一层次、每一类业务、每一部分的远景及其实现方法。一般说来，一个企业的战略可划分为四个层次，即网络层战略、公司层战略、业务层或事业部级战略和职能层战略。

▶▶ 1. 网络层战略

网络层战略就是两个大企业联盟之间的竞争和合作问题。这些联盟包括技术的联盟、市场的联盟等。联盟中的战略包括企业如何选择联盟及在联盟里采取什么样的姿态等问题，是企业的最高层的战略。

➤➤ 2.公司层战略

公司层战略又称总体战略,是以企业整体为对象,是一个企业的整体战略总纲,是企业最高管理层指导和控制企业一切行为的最高行动纲领,决定企业经营方针、投资规模、经营方向和远景目标等战略要素,是战略的核心。一般来说,公司层战略至少要阐明以下三个问题:①企业的发展方向;②不同的业务单元之间的协调机制;③关键资源的开发与积蓄。

➤➤ 3.业务层战略

业务层战略也称事业部战略、竞争战略或分公司战略,是在企业公司战略的指导下,各个战略事业单位制定的部门战略,是公司层战略之下的子战略。业务层战略作为企业战略的一项子战略,必须遵从企业设定的发展目标,鉴于此,在实施业务层战略过程中有如下几个要点:①如何贯彻企业使命;②事业发展的机会和挑战分析;③事业发展的内在条件分析;④事业发展的目标和要求;⑤事业发展的重点、阶段和措施。

➤➤ 4.职能层战略

职能层战略是指企业中的各职能部门制定的指导职能活动的战略,是为贯彻、实施和支持公司战略与竞争战略而在企业特定的职能管理领域制定的战略。职能战略一般包括营销战略、人力资源战略、财务战略、生产战略、研发战略、公关战略等。

(四)战略管理及战略管理过程

安索夫认为,战略管理是指将企业日常营运决策同长期计划决策相结合而形成的一系列管理业务。斯坦纳认为,战略管理是确定企业使命,根据企业外部环境和内部条件认定企业组织目标,保证目标的正确落实并使企业使命最终得以实现的一个动态过程。此外,还有其他许多学者和企业家也提出了对战略管理的不同见解。综观不同学者和企业家的不同见解,可以归纳为两类,即广义的战略管理和狭义的战略管理。

广义的战略管理是指运用战略对整个企业进行管理,其代表人物是安索夫;狭义的战略管理是指对战略的制定、实施、控制和修正进行的管理,其代表人物是斯坦纳。目前,居主流地位的是狭义的战略管理。

综合国内外学者对企业战略的解释和理解,本书把战略管理定义为企业为实现战略目标、制定战略决策、实施战略方案、控制战略绩效的一个动态管理过程。

一个规范性的、全面的战略管理过程可大体分为战略分析、战略选择、战略实施、战略评价和调整四个阶段:

(1)战略分析。了解组织所处的环境和相对竞争地位。

(2)战略选择。战略制定、评价和选择。

(3)战略实施。采取措施发挥战略作用。

(4)战略评价和调整。检验战略的有效性。

(五)企业战略与战略管理的联系与区别

从定义可以看到,企业战略实质上是企业的一种"谋划或方案管理",而战略管理则是对企业战略的一种"管理",具体来说就是对企业的"谋划或方案"的制定、实施与控制。企业战略强调的是单一的一个目标方向,而战略管理是朝着这一目标方向将其实现的动态的过程。

第二节　企业内外环境分析

一、企业外部环境

企业外部环境是指企业赖以生存又游离于企业之外的社会系统,是企业外部各种影响因素的总称。从外部环境对企业的影响是否直接来区分又可分为宏观环境和微观环境两大类。

宏观环境又称一般环境,是指影响一切行业和企业的各种宏观力量。一般来说,宏观环境因素可以概括为四类:政治与法律环境、经济环境、社会文化环境和技术环境。这四类要素对企业的影响比较间接。

微观环境一般是指能更直接地影响企业主要运行活动的产业环境。

企业外部环境研究的目的主要是找出外部环境为企业所提供的可以利用的发展机会,以及对企业发展所带来或构成的威胁。

（一）宏观环境分析

▶▶ 1. 政治与法律环境

政治与法律环境主要是指法律、政府机构的政策法规及各种政治团体对企业活动所采取的态度和行动，如国家的政治制度、国家颁布的方针政策等因素。这些因素对企业的生产经营活动具有控制和调节的作用。它规定了企业可以做什么，不可以做什么，同时也保护企业的合法权益和合理竞争，促进公平交易。

▶▶ 2. 经济环境

经济环境是指构成企业生存和发展的社会经济状况和国家经济政策。社会经济状况包括经济要素的性质、水平、结构、变动趋势等多方面内容，涉及国家、社会、市场及自然等多个领域；国家经济政策是国家履行经济管理职能、调控国家宏观经济水平和经济结构、实施国家经济发展战略的指导方针，对企业经济环境有着重要影响。企业的经济环境主要由社会经济结构、经济发展水平、经济体制和宏观经济政策四个要素构成。

与其他环境力量相比，经济环境对企业的经营活动有更广阔而直接的影响。

▶▶ 3. 社会文化环境

社会文化环境包括一个国家或地区的居民教育程度、文化水平、风俗习惯、审美观点、价值观念等，它通常是人口、经济、法律政策和技术条件形成和变化的动力。

▶▶ 4. 技术环境

技术环境是指一个国家和地区的技术水平、技术政策、新产品开发能力以及技术发展动向等。

（二）产业竞争性分析

产业竞争性分析属于外部环境分析中的微观环境分析，它的内容主要是分析本行业中的企业竞争格局以及本行业和其他行业的关系。行业结构及竞争性决定行业竞争原则和企业可能采取的战略，因此，产业竞争性分析是企业制定战略最主要的基础。

迈克尔·波特在 20 世纪 80 年代初提出了五力分析模型,他认为行业中存在着决定竞争规模和程度的五种力量,这五种力量综合起来影响着产业的吸引力。五种力量分别为进入壁垒、替代品威胁、买方议价能力、卖方议价能力以及现存竞争者之间的竞争。五力分析模型对企业战略制定产生全球性的深远影响。

▶▶ 1.供应商议价能力

供方主要通过其提高投入要素价格与降低单位价值质量的能力,来影响行业中现有企业的盈利能力与产品竞争力。供方力量的强弱主要取决于他们所提供给买主的是什么投入要素,当供方所提供的投入要素的价值构成了买主产品总成本的较大比例,对买主产品生产过程非常重要,或者严重影响买主产品的质量时,供方对于买主的潜在讨价还价力量就大大增强。一般来说,满足如下条件的供方集团会具有比较强大的讨价还价力量:

(1)供方行业为一些具有比较稳固市场地位而不受市场激烈竞争困扰的企业所控制,其产品的买主很多,以至于每一单个买主都不可能成为供方重要客户;

(2)供方各企业的产品各具有一定特色,以至于买主难以转换或转换成本太高,或者很难找到可与供方企业产品相竞争的替代品;

(3)供方能够方便地实行前向一体化,而买主难以进行后向一体化。

▶▶ 2.购买者议价能力

购买者主要通过其压价与要求提供较高的产品或服务质量的能力,来影响行业中现有企业的盈利能力。一般来说,满足如下条件的购买者可能具有较强的讨价还价力量:

(1)购买者总数较少,而每个购买者购买量较大,占了卖方销售量很大比例;

(2)卖方行业由大量相对来说规模较小的企业所组成;

(3)购买者所购买的基本上是一种标准化产品,同时向多个卖主购买产品在经济上也完全可行;

(4)购买者有能力实现后向一体化,而卖主不可能前向一体化。

▶▶ 3.新进入者威胁

新的进入者构成的威胁程度取决于行业进入障碍,以及原有竞争者对新竞争者有效反应的能力。如果行业进入障碍小,业内企业的客户就可能利用新竞争者参与的这种威胁,从供应商那里得到更低的价格或更优惠的条件。在供应商不能有效反应的情况下,客户就鼓励其他国家或邻近行业的供应商进入市场。当发生下述情况时,进入市场的障碍就大:

(1)原竞争者在研发、生产、营销及售后服务和技术支持方面具有相当可观的规模经济。与原竞争者具有类似策略的新进入者为了获得规模经济就需要做出巨大投资,否则就被迫在成本劣势情况下经营。

(2)原竞争者具有强有力的产品差异或高额的转换成本。

(3)新进入者面临与规模或范围无关的成本劣势。有时,原竞争者由于原材料成本低、劳动力成本低、或者专利技术成本低而具有成本优势。

(4)新进入者很难接近分销渠道。

▶▶ 4.替代品的威胁

替代品是指能够满足顾客需求的其他产品或服务,它包括行业内的更新换代产品以及其他行业所提供的具有相同功能用途的产品。如果许多物品可以替代某个产品,那么该产品竞争压力就很大,反之则小。若替代品的价格比较低,就会限制行业产品的价格进而限制行业利润。

替代品威胁分析包括:

(1)替代品是否在价格上具有吸引力;

(2)替代品在质量、性能以及其他一些重要属性方面的顾客满意度怎样;

(3)购买者转向替代品的难易程度如何等。

▶▶ 5.行业内现有竞争者

当一个或更多的行业竞争者感到有市场压力或看到存在着改善其地位的机会时,现有竞争者之间的抗衡就发生了。现有企业之间的竞争常常表现在价格、广告、产品介绍、售后服务等方面,其竞争强度与许多因素有关。

一般来说,出现下述情况将意味着行业中现有企业之间竞争的加剧:

(1)行业进入障碍较低,势均力敌竞争对手较多,竞争参与者范围广泛;

(2)市场趋于成熟,产品需求增长缓慢;

(3)竞争者企图采用降价等手段促销;

(4)竞争者提供几乎相同的产品或服务,用户转换成本很低;

(5)一个战略行动如果取得成功,其收入相当可观;

(6)行业外部实力强大的公司在接收了行业中实力薄弱企业后,发起进攻性行动,结果使得刚被接收的企业成为市场的主要竞争者;

(7)退出障碍较高,即退出竞争要比继续参与竞争代价更高。在这里,退出障碍主要受经济、战略、感情以及社会政治关系等方面考虑的影响,具体包括:资产的专用性、退出的固定费用、战略上的相互牵制、情绪上的难以接受、政府和社会的各种限制等。

二、企业内部环境

企业资源与能力是企业的内部环境因素。如果说企业影响外部环境能力较弱,那么,改进企业内部环境状况就成为企业战略较为重要的问题。

(一)企业资源分析

▶▶ 1.有形资源

有形资源是看得见、摸得着、可以数量化的资源,它们通常可以在账面上反映出来。但是应当注意到,在评估有形资源的战略价值时,不仅要看会计科目上的数目,而且要注意评价其产生竞争优势的潜力。譬如说偏远地区某企业拥有巨额资产,设备也很先进,但由于交通不便、信息滞后,资源不能得到有效利用,因此很难适应市场需求的变化。

在评估有形资源的战略价值时,必须注意以下两个关键问题:

(1)是否有机会更经济地利用财务资源、库存和固定资产,即能否用较少的有形资源获得同样的产品或用同样的资源获得更大的产出;

(2)怎样才能使现有的资源更有效地发挥作用。

▶▶ 2.无形资源

无形资源主要包括诸如专利、商标、版权等知识产权,网络、企业文化及与产品(服务)和公众利益相联系的企业形象等方面,通常并不在(或不能在)账面上反映出来。无形资源由于具有不可见性和隐蔽性,所以人们常常忽略其价值。但是无形资产是企业在长期经营实践中逐渐积累起来的,虽然不能直接转化为货币,但是同样能给企业带来效益,因此具有战略价值。例如,在产品质量和服务对潜在顾客利益的影响并不明显的行业,企业信誉和知名度往往是最重要的资源。

（二）企业能力分析

企业能力是指整合企业资源，使价值不断增加的技能。价值链分析是识别和评价企业能力的有效方法。

▶▶ 1. 波特价值链理论

著名战略学家迈克尔·波特提出了"价值链分析法"，把企业内外价值增加的活动分为基本活动和支持性活动。基本活动涉及企业生产运营、市场营销、内部后勤、外部后勤、服务；支持性活动涉及人力资源管理、企业基础设施、技术开发、采购等。基本活动和支持性活动构成了企业的价值链。

（1）基本活动

涉及任何产业内竞争的各种基本活动都有五种基本类型，其中每一种类型又都可依据产业特点和企业战略划分为若干显著不同的活动。

①内部后勤。与接收、存储和分配相关联的各种活动。例如，原材料搬运、仓储、库存控制、车辆调度和向供应商退货。

②生产运营。与将投入转化为最终产品形式相关的各种活动。例如，机械加工、包装、组装、设备维护、检测、印刷和各种设施管理。

③外部后勤。与集中、存储和将产品发送给买方有关的各种活动。例如，产成品库存管理、原材料搬运、送货车辆调度、订单处理和生产进度安排。

④市场营销。与提供买方购买产品的方式和引导他们进行购买有关的各种活动。例如，广告、促销、销售队伍、报价、渠道选择、渠道关系和定价。

⑤服务。与提供服务以增加或保持产品价值有关的各种活动。例如，安装、维修、培训、零部件供应和产品调整。

（2）支持性活动

①人力资源管理。包括涉及所有类型人员的招聘、雇佣、培训、开发和报酬等各种活动。

②企业基础设施。企业基础设施由大量活动组成，包括总体管理、计划、财务、会计、法律、政府事务和质量管理。基础设施与其他辅助活动不同，它通过整个价值链而不是单个活动起辅助作用。

③技术开发。每项价值活动都包含着技术成分，无论是技术诀窍、程序，还是在工艺设备中所体现的技术。大多数企业中所应用的技术非常广泛，从用在准备文件中和运输商品中的技术到产品本身所体现出来的技术。此外，大多数价值活

动所使用的技术都综合了不同学科的不同的分支技术。例如,机械加工包括冶金、电子和机械等学科的技术。

④采购。采购是指购买用于企业价值链各种投入的活动。外购的投入包括原材料、储备物资和其他易耗品,也包括各种资产,如机器、实验设备、办公设备和建筑物。外购投入一般与基本活动相联系,在包括辅助活动在内的所有价值活动中都存在。

(3)价值链分析的注意事项

①确认支持企业竞争优势的关键性活动。虽然价值链的每项活动,包括基本活动和支持活动都是企业成功所必经的环节,但是这些活动对组织竞争优势的影响是不同的。在关键价值活动的基础上建立和强化这种优势很可能成功。

②明确价值链内各种活动之间的联系。价值链中基本活动之间、基本活动和支持活动之间以及支持活动之间存在着各种联系,选择或构筑最佳的联系方式对于提高价值创造和战略能力是十分重要的。

③明确价值系统内各项价值活动之间的联系。

》》 2.核心能力

什么是企业核心能力? 目前,世界管理学家仍没有一个统一的规范化的定义,也可以说,企业核心能力仍是现在国内外管理学界研究讨论的热点之一。

1990 年,哈默和普拉哈拉德提出,核心竞争力是组织中的积累性学识,特别是关于如何协调不同的生产技能和有机结合多种技术的学识。同时他们指出,核心竞争力既是组织资本又是社会资本。组织资本反映了协调和组织生产的技术方向,社会资本显示了社会环境的重要性。

1998 年,埃里克森和米克尔森从组织资本和社会资本的角度认为核心能力是组织资本和社会资本的有机结合,组织资本反映了协调和组织生产的技术方面,而社会资本显示了社会环境的重要性。另外,还有伦纳德·巴顿等学者对核心能力的概念提出了不同的观点。

综合不同学者的观点,概括地说,企业核心能力是指企业赖以生存和发展的关键要素,是提供企业竞争能力和竞争优势基础的多方向技术、技能和知识的有机组合。

核心能力至少具有三个方向的含义。

(1)核心能力特别有助于实现顾客所看重的价值。

(2)核心能力是竞争对手难以模仿和难以替代的,故而能取得竞争优势。

（3）核心能力具有持久性，它既维持企业竞争优势的持续性，又使核心能力具有一定的刚性。

第三节　企业战略选择

一、基本竞争战略

迈克尔·波特教授认为，企业建立竞争优势时需要弄清两个中心问题：①影响产业长期盈利性的吸引力及其他因素；②在产业内，决定竞争地位的因素，即产业的关键成功要素是什么。前一个因素可以通过五力模型分析产业的竞争结构，后一个因素可以通过企业自身战略选择解决。

迈克尔·波特教授提出了企业可以采取三种基本竞争战略，即成本领先战略、产品差异化战略和集中化战略。

（一）成本领先战略

成本领先战略也称为低成本战略，是指企业通过有效途径降低成本，使企业的全部成本低于竞争对手的成本，甚至是在同行业中最低的成本，从而获取竞争优势的一种战略。

▶▶ 1.成本领先战略的主要类型

根据企业获取成本优势的方法不同，成本领先战略可以概括为以下五种主要类型：

（1）简化产品型成本领先战略，就是使产品简单化，将产品或服务中添加的花样全部取消；

（2）改进设计型成本领先战略；

（3）材料节约型成本领先战略；

（4）人工费用降低型成本领先战略；

（5）生产创新及自动化型成本领先战略。

▶▶ 2.成本领先战略的适用条件

（1）现有竞争企业之间的价格竞争非常激烈；

（2）企业所处产业的产品基本上是标准化或者同质化的；

（3）实现产品差异化的途径很少；

（4）多数顾客使用产品的方式相同；

（5）消费者的转换成本很低；

（6）消费者具有较大的降价谈判能力。

▶▶ 3. 成本领先战略的收益

（1）抵挡住现有竞争对手的对抗；

（2）抵御购买商讨价还价的能力；

（3）更灵活地处理供应商的提价行为；

（4）形成进入障碍；

（5）树立与替代品的竞争优势。

（二）产品差异化战略

产品差异化战略又称别具一格战略、差别化战略，是指为使企业产品、服务、企业形象等与竞争对手有明显的区别，以获得竞争优势而采取的战略。这种战略的重点是创造被全行业和顾客都视为是独特的产品和服务。

▶▶ 1. 产品差异化的三个层次

（1）产品的功能

顾客购买产品，首先是对该产品功能的需求，如产品的使用功能、性能指标、质量与可靠性、适用性等。现代工业产品向高能化、高速化、高效化、高可靠性和微型化等方向发展，企业若能凭借其科技优势研制出功能十分优异的产品，就能在市场竞争中取得优势。

（2）产品的外观质量

产品的外观质量主要表现在产品的外形设计、款式、色彩等方面。顾客接触产品，是从其外观质量再到内在质量的。外观有特色的消费类产品，往往能刺激顾客的消费欲望，使其对产品形成良好的第一印象。例如，2013年，安妮公主冰淇淋用"新奇特"席卷财富市场，通过产品造型、口味上与其他冰淇淋拉开距离，推出能剥开吃的冰淇淋、有把冰淇淋做成点心的皇家甜点冰淇淋等，吸引了大量顾客。

（3）产品服务

服务是企业产品的延伸，包括送货上门、安装、调试、维修保证等。企业向顾客提供的产品必须通过这一个层次的活动，才能使产品充分发挥其功能，受到消费者的欢迎。如果更深入地分析，就会发现顾客购买消费品所关心的实质内容是产品所提供的服务，因此企业向顾客提供的产品，应该是包括各种服务承诺的完整的产品。

2.产品差异化战略的特征

（1）基础研究能力强（产品创新）；

（2）有机式的组织结构，各部门之间协调性强；

（3）超越思维定势的创造性思维能力和洞察力；

（4）市场运作能力强，使市场认可产品是有差异的；

（5）基于创新的奖酬制度；

（6）公司在产品质量和技术领先方面的声望。

3.产品差异化战略的适用条件

（1）可以有很多途径创造企业与竞争对手产品之间的差异，并且这种差异被顾客认为是有价值的；

（2）顾客对产品的需求和使用要求是多种多样的，即顾客需求是有差异的；

（3）采用类似差异化途径竞争对手很少，即真正能够保证企业是"差异化"的；

（4）技术变革很快，市场上的竞争主要集中在不断地推出新的产品特色。

4.产品差异化战略的收益

（1）建立顾客对企业的忠诚。

（2）形成强有力的产业进入障碍。

（3）增强企业与供应商讨价还价能力，这主要是由于差异化战略提高了企业的边际收益。

（4）削弱购买商讨价还价能力。一方面，企业通过差异化战略使得购买商缺乏与之可比较的产品选择，降低购买商对价格的敏感度；另一方面，通过产品差异化使购买商具有较高的转换成本，使其依赖于企业。

（5）由于差异化战略使企业建立起顾客的忠诚，这使得替代品无法在性能上与之竞争。

（三）集中化战略

集中化战略又称为集中战略或重点集中战略，也称为目标集聚或专一战略。

它是企业或战略经营单位为了满足特定消费群体的特殊需求，通过集中力量于有限的地区市场或产品的某种用途，建立竞争优势和地区市场的战略。

1. 集中化战略的优势

（1）经营目标集中，管理简单方便，可以集中使用企业的人、财和物等资源。

（2）有条件深入钻研有关的专门技术，熟悉产品市场、用户及同行竞争方面的情况，因此有可能提高企业的实力，争取产品及市场优势。

（3）由于生产高度专业化，可以规模经济效益，降低成本，增加收益。这种战略尤其适用于中小企业。

（4）能使高度专业化的中小企业对国民经济做出重要贡献，成为"小型巨人"，即小企业采用单一产品市场战略可以以小补大、以精取胜，成为受大公司欢迎且为其提供配套产品的友好伙伴。

2. 集中化战略的形式

集中化战略一般有两种形式，即成本领先目标集中和差别化目标集中战略。这两种形式的目标集中战略都是面向企业选定的一个特定的细分市场，具体的形式有以下三种：

（1）产品目标集中战略。对于产品开发和工艺装备成本较高的行业，部分企业以产品线的某一部分作为经营重点。

（2）顾客目标集中战略。即企业将经营重点放在特殊需求的顾客群上。例如，当某鞋业公司基本控制跑鞋市场时，竞争公司则集中力量开发符合 12～17 岁青少年需要的运动鞋。

（3）地区集中化战略。即按照地区的消费习惯和特点来细分市场，企业则选择部分地区进行有针对性地组织生产。例如，针对农村市场推出的"洗地瓜洗衣机"，大大提高了洗衣机的农村市场占有率。

3. 实施集中化战略的适用条件

（1）目标市场足够大，可以盈利，或者小市场具有很好的成长潜力。

（2）企业的资源和能力有限，不允许选定多个细分市场作为其目标市场，整个行业中有很多的小市场和细分市场,从而一个集中型的厂商能够选择与自己的强势和能力相符的有吸引力的目标小市场。

(3)在同一目标细分市场中没有其他的竞争者采用这一战略;其他竞争厂商很难满足在目标细分市场上进行专业化经营;定位于多个细分市场的竞争厂商很难满足目标细分市场的专业或特殊需求;满足这个市场的专业客户需求代价往往极其昂贵。

(4)采用集中化战略的企业拥有足够的资源,能在目标市场上站稳脚跟。

(5)采用集中化战略的企业凭借其建立起来的顾客商誉和公司服务,来防御行业中的竞争者。

二、企业总体战略

企业总体战略一般分为稳定型战略、发展型战略、紧缩型战略和混合型战略。

(一)稳定型战略

≫ 1.定义

企业稳定型战略,又称维持型战略,是指在内外环境的约束下,企业准备在战略规划期使企业的资源分配和经营状况基本保持在战略起点的范围和水平上的战略。战略起点是指企业制定新战略时关键战略变量的现实状况,其中最主要的是企业当时所遵循的经营方向及其正在从事经营的产品和所面向的市场领域、企业在其经营领域内所达到的产销规模和市场地位。经营状况基本保持在战略起点的范围和水平上,是指企业在战略期基本维持原有经营领域或略有调整,保持现有的市场地位和水平,或仅有少量的增减变化。

≫ 2.类型

(1)从偏离战略起点的程度来划分

①无增长(变化)战略。无变化战略是指企业不用制定新的战略,也不需要进行战略调整,而是维持原有战略的一种形式。采用它的企业可能基于以下两个原因:一是企业过去的经营相当成功,并且企业内外环境没有发生重大变化;二是企业并不存在重大的经营问题或隐患,因而战略管理者没有必要进行战略调整,或者害怕战略调整会给企业带来资源分配的困难。采用无增长战略的企业除了每

年按通货膨胀率调整其目标外,其他暂时保持不变。

②微增战略。企业在稳定的基础上,略有增长与发展的战略。

(2)从企业采取的防御态势来划分

①阻击式防守战略。这一战略的指导思想是"最有效的防御是完全防止竞争较量的发生。"它的操作方法如下:第一,企业投入相应的资源,以充分显示企业已经拥有的阻击竞争对手进攻的能力;第二,不断明白无误地传播自己的防御意图,塑造出顽强的防御者形象,使竞争对手不战而退。

②反应式防御战略。反应式防御战略是指当对手进攻发生后,针对这种进攻的性质、特点和方向,企业采用相应对策施加压力,以维持原有的竞争地位和经营水平。

(3)从战略的具体实施来划分

①无变化战略。与前面提到的无增长战略相同。

②维持利润战略。维持利润战略是指一种牺牲企业未来发展来维持目前利润的战略。这种战略注重短期效果而忽略长期利益。

③暂停战略。暂停战略是指企业暂时降低发展速度,以保持企业资源、管理力量和发展速度的平衡。例如,当企业的现金流发生困难,组织结构和人力资源不适应进一步发展的要求时,企业需要进行临时性的休整。

④谨慎实施战略。如果企业外部环境中某一重要因素难以预测或变化趋势不明显,企业的某一战略决策就要有意识地降低实施进度,步步为营,这就是所谓谨慎实施战略。

(4)按照对资金运用的方向来划分

①抽资战略。抽资战略是指企业暂时维持现状,不再追加投资以求更大发展,而是将企业的利润或现金流量积累起来,等待时机再图发展。所以也称这种战略为收获战略、利润战略。

②增资战略。即在企业受到外部一定冲击时,不仅无法维持增长,而且维持现状也有困难,但又不能不维持现状,只好从外部谋取到相应的资金来保证企业渡过难关。

(二)发展型战略

发展型战略是一种使企业在现有的战略基础水平上向更高一级的目标发展的战略。该战略以发展为导向,引导企业不断地开发新的产品,开拓新的市场,采用新的生产方式和管理方式,以便扩大企业的产销规模,提高企业的竞争地位,增强企业的竞争实力。

一般地说,发展型战略有以下三种基本的类型。

▶▶ 1.密集型战略

密集型发展战略是指企业在原有业务范围内,充分利用在产品和市场方面的潜力来求得成长的战略,是将企业的营销目标集中到某一特定细分市场,这一特定的细分市场可以是特定的顾客群,可以是特定的地区,也可以是特定用途的产品等。由于企业目标更加聚焦,可以集中精力追求降低成本和差异化,使自己竞争优势更强。密集型战略就是在原来的业务领域里,加强对原有的产品与市场的开发与渗透来寻求企业未来发展机会的一种发展战略。这种战略的重点是加强对原有市场的开发或对原有产品的开发。

密集型战略包括市场渗透战略、市场开发战略和产品开发战略三种。

▶▶ 2.一体化战略

一体化战略是指企业有目的地将互相联系密切的经营活动纳入企业体系之中,组成一个统一经济实体的控制和支配过程的战略。

(1)一体化战略的类型

一体化战略主要包括垂直一体化分为前向一体化和后向一体化、横向一体化为混合一体化。

①纵向一体化也称为垂直一体化,是指生产或经营过程相互衔接、紧密联系的企业之间实现一体化,按物质流动方向又可分为前向一体化和后向一体化。

前向一体化:是指企业与用户企业之间的联合,指原料工业向加工工业发展,制造工业向流通领域发展,如钢铁厂设金属家具厂和钢窗厂等。

后向一体化:是指企业与供应企业之间的联合,指加工工业向原料工业或零部件、元器件工业扩展,如钢铁厂投资于钢矿采掘业等。

②横向一体化,也称为水平一体化,是指与处于相同行业、生产同类产品或工艺相近的企业实现联合,实质是资本在同一产业和部门内的集中,目的是扩大规模,降低产品成本,巩固市场地位,减少竞争压力,实现规模经济,增强自身实力以获取竞争优势。

③混合一体化。混合一体化是指处于不同产业部门、不同市场且相互之间没有特别的生产技术联系的企业之间的联合,包括三种形态。

产品扩张型:即与生产和经营相关产品的企业联合。

市场扩张型:即一个企业为了扩大竞争地盘而与其他地区生产同类产品的企

业进行联合。

毫无关联型：即生产和经营彼此之间毫无联系的产品或服务的若干企业之间的联合。

（2）实施一体化战略的意义及风险

①意义。一体化战略有利于提高经营效率，实现规模经济，提升控制力或获得某种程度的垄断。

②风险。脱离行业困难，管理复杂，可能产生能力不平衡，不利于技术和产品研发风险。

▶▶ 3.多元化战略

（1）定义

多元化战略又称多角化战略，是指企业同时经营两种以上基本经济用途不同的产品或服务的一种发展战略。多元化战略是相对企业专业化经营而言的，其内容包括产品的多元化、市场的多元化、投资区域的多元化和资本的多元化。

①产品的多元化是指企业新生产的产品跨越了并不一定相关的多种行业，且生产多为系列化的产品。

②市场的多元化是指企业的产品在多个市场，包括国内市场和国际区域市场，甚至是全球市场。

③投资区域的多元化是指企业的投资不仅集中在一个区域，而且分散在多个区域甚至世界各国。

④资本的多元化是指企业资本来源及构成的多种形式，包括有形资本和无形资本诸如证券、股票、知识产权、商标和企业声誉等。

一般意义上的多元化经营，多是指产品生产的多元化。

（2）类型

按照多元化的程度，多元化可以分为相关多元化和不相关多元化。

①相关多元化。相关多元化是一种超出组织现有的产品和市场，但仍在同一价值体系或行业内运营的发展战略。相关多元化是企业为了追求战略竞争优势，增强或扩展其已有的资源、能力及核心竞争力而有意识采用的一种战略。相关多元化主要有如下三种形式。

技术相关多元化：即企业的产品为技术上相关联的产品群，这些产品的基本经济用途或目的可能是不同的。如家纺企业不仅做床上用品，也生产床垫这个品类。

资源相关多元化:企业以现有经营业务所拥有的物资资源为基础,进入不同的产品、市场领域,以充分利用资源的多种经营。

市场相关多元化:企业以现有经营业务领域的市场营销活动为基础,进入完全不同的产品市场。企业生产的多种产品之间在销售渠道、销售对象、促销方法等方面有较强的市场关联性,能够获得市场营销方面的协同作用,使其产品群在市场营销方面具有一定的竞争力。

相关多样化战略的优缺点如下。

优点:利用生产技术的同一性,充分利用资源。同时,也能将经营风险分散到多种产品中去。

缺点:若新产品在分销渠道、促销策略等方向与原产品不同时,在市场竞争中处于不利地位;当企业规模越来越大时,管理难度加大。

相关多样化战略的适用情况:企业所处行业增长缓慢或停止增长;增加新产品可以带动现有产品的销售;新的相关产品可以按较高价格销售;新的相关产品的季节性特征与现有产品相反或互补;企业有很强的管理队伍;能够带来某种综合经济效益。

②不相关多元化。不相关多元化就是公司进入与原有行业不相关的新业务,公司经营的各行业之间没有联系。

不相关多元化的优势主要是出于寻求有吸引力的财务经济性,以求分散经营风险,最大限度地发挥财务资源的作用,使获利能力更稳定,增加股东财富。不相关多元化战略的适用性主要是能否产生上述优势。企业主要是通过并购来实现不相关多元化战略。不相关多元化的弱点是管理难度很大和不存在战略匹配利益,所以不相关多元化要想增加股东价值,公司战略家们必须在创建和管理多元化的业务组合方面具有高超技能。

(三)紧缩型战略

》 1. 定义

紧缩型战略是指企业从目前的战略经营领域和基础水平收缩和撤退,且偏离战略起点较大的一种经营战略。较稳定型战略和增长型战略相比,紧缩型战略是一种消极的发展战略。一般地,企业实行紧缩型战略只是短期性的,其根本目的是使企业挨过风暴后转向其他的战略。有时,只有采取收缩和撤退的措施,才能抵御对手的进攻,避开环境的威胁和迅速地实行自身资源的最优配置。可以说,紧缩战略是一种以退为进的战略。

▶▶ 2.类型

（1）转向战略

转向战略指当企业现有经营领域的市场吸引力微弱,失去发展活力而趋向衰退,企业市场占有率受到侵蚀,经营活动发生困难,或者发现更好的领域和机会,为了从原有领域脱身,转移阵地、另辟道路所实行的收缩战略。

（2）放弃战略

放弃战略是在企业采取选择性收缩战略和转向战略均无效时采取的紧缩战略。放弃是指将企业的一个主要部门转让、出卖或者停止经营。可以是一个经营单位、一条生产线,或者企业本身停止经营。

（3）清算战略

清算战略指企业受到全面威胁、濒于破产时,通过将企业资产转让、出卖或者停止全部经营业务结束企业生命。

▶▶ 3.特点

（1）对企业现有的产品或市场领域实行收缩、调整和撤退的措施,削减某些产品的市场面,放弃某些产品,甚至完全退出目前的经营领域。

（2）逐步缩小企业的产销规模,降低市场占有率,同时相应地降低某些经济效益指标水平。

（3）紧缩型战略的目标重点是改善企业的现金流量,争取较大收益和资金价值。为此,在资源的运用上,采取严格控制和尽量削减各项费用支出、只投入最低限度的经营资源的方针和措施。

（4）紧缩型战略具有过渡的性质。

（四）混合型战略

混合型战略就是上述三种战略的战略组合。上述大多数战略既可以单独使用,又可以组合起来使用。事实上,大多数大型企业并不只实行一种战略。

▶▶ 1.同时性战略组合

（1）在撤销某一战略经营单位、产品系列或经营部门的同时增加其他战略经营单位、产品系列或经营部门。

（2）在某些领域或产品实行紧缩的同时在其他领域或产品实施发展型战略。

（3）在某些产品上使用收缩战略而在其他一些产品上实行增长战略。

▶▶▶ 2.顺序性战略组合

（1）在某一特定时期实施发展战略,然后在另一特定时期使用稳定战略。

（2）首先使用稳定战略或紧缩战略,当情况好转时再实行发展战略。

第四节　企业战略制定、实施和控制

一、企业战略制定

迈克尔·波特说:"从根本上讲,制定一项竞争战略也就是为某一企业规定一种广泛适用的程序,以便指导企业如何投入竞争,应当有些什么样的竞争目标,在贯彻执行这些目标时需要采取什么样的方针。"战略制定是企业最高决策机构按照一定的程序和方法,为企业选择合适的经营战略的过程。

(一)战略制定过程

制定战略的一般过程如下。

（1）企业外部环境分析。迈克尔·波特说:"形成竞争战略的实质就是将一个公司与其环境建立联系。尽管相关环境的范围广阔,包含着社会的、经济的因素,但公司环境的最关键部分就是公司投入竞争的一个或几个产业。产业结构强烈地影响着竞争规则的确立以及潜在的可供公司选择的战略。产业外部力量主要在相对意义上有显著作用,因为外部作用力通常影响着产业内部的所有企业。因此,关键在于这些公司对外部影响的应变能力。"调查、分析和预测企业的外部环境是企业战略制定的基础。

（2）企业内部条件分析。

（3）明晰企业使命和价值观。

（4）设定企业目标。一般情况下,企业目标可能是:①股东价值最大化;②相关群体利益最大化;③其他非财务目标,如风险系数、市场份额、员工满意度、社会福利等。

（5）定义经营单元。通过明确产品、顾客群体、技术、成本结构、竞争地域五个因素来定义经营单元。

（6）设计备选战略方案。根据企业的发展要求和经营目标，依据企业所面临的机会与威胁，结合企业内部优势与劣势，列出所有可能达到的经营目标的备选战略方案。

（7）测试动态影响。此步骤包括分析企业的战略执行能力，判断竞争者对本企业战略的可能反应，判断消费者的可能反应，预测每个备选方案的成败概率和收益大小。

（8）确定战略方案。在评价和比较方案的基础上，企业选择一个最满意的战略方案作为正式的战略方案。有时为了增强企业战略的适应性，企业往往还选择一个或多个方案作为战略预备方案。

（二）战略制定过程中的基本点

（1）以经营单位为中心。企业的一部分如果具有以下几个特点，它就是一个经营单位，也就应该成为战略规划的一个中心。具体的特点有：①具有一个明确的市场定位；②对企业负有利润效益的责任；③在企业政策允许范围内拥有关键性的财务和人事决策权。

（2）利益驱动。战略规划的目标是实现企业效益最大化和可持续发展，企业效益是企业战略的出发点。

（3）高层领导的重视。高级领导层在业务群和业务单元战略规划中扮演重要角色，高层领导应积极参与业务群和单元战略规划过程。

（4）由负责实施的人来具体领导战略制定流程。

（5）将经营目标责任渗透到组织的各级各层中。

（6）依靠完善的数据资料来制定战略和业绩目标并加以评估。

（7）通过真正的对话来进行。即战略规划应在公司上下很好的沟通中进行，使员工对其充分了解。

二、企业战略实施

战略实施过程是将企业战略分解成若干阶段，根据不同的战略阶段设置不同的目标。企业必须根据不同的目标设置不同的时间表，同时根据不同的部门设置不同的目标，根据时间表检查战略实施情况。战略实施的最终目标是不同阶段分目标的完成。战略实施的主要内容包括以下几个方面。

（一）编制战略计划

战略计划是将战略分解为方案和项目，最终将其转化为具体预算和职能等。企业下一级管理层次要根据上一层制订的计划制订自身的计划，同时该层的计划也决定下一个层次计划的制订。这就要求企业必须根据本企业的使命明确具体目标，通过目标制定战略计划。战略计划的制定是组织各个层面管理人员的一项基本职能，管理人员必须具备制定和实施战略计划的能力，对于不同层级的管理人员要求有所不同。

（二）具体配置企业资源

企业内部资源是有限的，企业为了战略目标的实现必须对内部资源进行合理分配，这样才能保证企业战略实施，最终完成企业战略目标。企业整体战略目标分为不同职能部门目标，也就是说，企业战略目标的实现是取决于不同部门分目标完成情况。企业要想很好地实施企业战略，必须保障不同部门的分目标实现。要想保障分目标的实现，必须在各个不同部门之间进行资源分配，资源分配不当很可能造成有些部门目标实现后还有资源剩余，而其他部门很可能由于资源不够导致目标无法实现。如果某个分目标没有完成就会影响整体目标。为了合理分配资源必须编制预算，预算详细完成每一项战略行动计划所需要的具体费用。

（三）建立与战略相适应的组织结构

企业的组织结构需要根据不同的战略做出相应的变化，在实施企业战略时不能根据企业原有的组织结构实施，而是要重新建立企业组织结构。一个好的企业战略需要通过与其相适应的组织结构完成，不适应的组织结构会影响好的战略计划实施。因此，企业的组织结构是随着战略制定而改变的。同时新的组织结构应具有实施战略所需的活动、方案和项目的职权及责任，在相应的单位与人员之间进行合理分配，使新的组织结构成为一个有机的整体。

（四）营造良好的管理制度

好的管理制度涉及组织能否高效地实施企业战略，同时好的管理制度有利于员工发挥个人积极性，为企业战略的实现提供必要的支持。企业管理制度主要涉及两个方面：①转变领导观念，发挥领导者的作用；②营造良好的企业文化。

三、企业战略控制

(一)定义

战略控制主要是指在企业经营战略的实施过程中，检查企业为达到目标所进行的各项活动的进展情况，评价实施企业战略后的企业绩效，把它与既定的战略目标和绩效标准比较，发现现实与理想之间的差距，分析产生偏差的原因，纠正偏差，使战略实施更好地与企业当前所处的内外环境、企业目标协调一致，使企业战略得以实现。

(二)战略控制方式

▶▶ 1.按照控制时间分类

(1)事前控制

在战略实施之前，要设计好正确有效的战略计划。该计划要得到企业高层领导人的批准后才能执行，其中重大的经营活动必须通过企业领导人的批准才能开始实施，所批准的内容往往成为考核经营活动绩效的控制标准，这种控制多用于重大问题的控制，如任命重要的人员、重大合同的签订、购置重大设备等。

事前控制是在战略行动成果尚未实现之前，通过预测发现战略行动的结果可能会偏离既定的标准，因此，管理者必须对预测因素进行分析。一般有三种类型的预测因素：①投入因素，即战略实施投入因素的种类、数量和质量，将影响产出的结果；②早期成果因素，即依据早期的成果，可预见未来的结果；③外部环境和内部条件的变化对战略实施的控制因素。

(2)事后控制

这种控制方式发生在企业的经营活动之后，把战略活动的结果与控制标准相比较，这种控制方式工作的重点是要明确战略控制的程序和标准，把日常的控制工作交由职能部门人员去做，即在战略计划部分实施之后，将实施结果与原计划标准相比较，由企业职能部门及各事业部定期地将战略实施结果向高层领导汇报，由领导者决定是否有必要采取纠正措施。

事后控制方法的具体操作主要有联系行为和目标导向等形式。

①联系行为。即对员工的战略行为的评价与控制直接同他们的工作行为联

系挂钩,使个人的行动导向和企业经营战略导向接轨;通过行动评价的反馈信息修正战略实施行动,使之更加符合战略的要求;通过行动评价,实行合理的分配,从而强化员工的战略意识。

②目标导向。即让员工参与战略行动目标的制定和工作业绩的评价,既可以看到个人行为对实现战略目标的作用和意义,又可以从工作业绩的评价中看到成绩与不足。

(3)过程控制

过程控制即随时控制,企业高层领导者要控制企业战略实施中的关键性的过程或全过程,随时采取控制措施,纠正实施中产生的偏差,引导企业沿着战略方向进行经营。这种控制方式主要是对关键性的战略措施进行随时控制。

2. 按照控制主体分类

(1)避免型控制

避免型控制即采用适当的手段,使不适当的行为没有产生的机会,从而达到不需要控制的目的。

(2)开关型控制

开关型控制又称为事中控制或行与不行的控制。其原理是在战略实施的过程中,按照既定的标准检查战略行动,确定行与不行,类似于开关的开与止。开关型控制具体操作方式有以下几种:

①直接领导。管理者对战略活动进行直接领导和指挥,发现差错及时纠正,使其行为符合既定标准。

②自我调节。执行者通过非正式的、平等的沟通,按照既定的标准自行调节自己的行为,以便和协作者配合默契。

③共同远景。组织成员对目标、战略宗旨认识一致,在战略行动中表现出一定的方向性、使命感,从而达到殊途同归、和谐一致、实现目标的目的。

3. 按照切入点分类

(1)财务控制。这种控制方式覆盖面广,包括预算控制和比率控制。

(2)生产控制。

(3)销售规模控制。销售规模太小会影响经济效益,太大会占用较多的资金,也影响经济效益,为此要对销售规模进行控制。

(4)质量控制。

(5)成本控制。

第三章　市场营销理论

第一节　市场营销概述

一、市场与市场营销

(一)市场

市场泛指交易产品的买方与卖方的集合。一般认为买方构成市场,卖方构成产业。因此.市场实际上是指消费者群。但到目前为为止,市场还没有一个权威而统一的定义。菲力普·科特勒认为,市场是由一切具有特定欲望和需求,并且愿意和能够以交换来满足这些需求的潜在顾客所组成。所以,市场的组成要素可表示为:

$$市场＝人口＋购买力＋购买欲望$$

某地区居民的收入情况是不是就代表着该地区购买力的大小呢? 一般来说,购买力是指人们购买商品的货币支付能力。购买欲望是指人们购买商品的动机、愿望和要求,是潜在购买需求转变为现实购买行为的重要条件。

(二)市场营销

从实践来看,市场营销是企业的经营与销售活动,是引导商品从生产者到消费者或使用者的企业整体活动(包括产品开发、市场开拓、商品流通、售后服务等一系列商业活动),其目的是通过满足顾客需求来实现企业的利润目标。也就是说,市场营销不是一项简单单一的工作,而是一个系统和过程。

二、市场营销观念的发展

企业的市场营销活动是在特定的指导思想或经营理念指导下进行的。营销观念就是企业的一种思维方式、经营理念和指导思想,有什么样的营销观念就有什么样的营销活动。营销观念的正确与否,关系到企业的成败和兴衰。

（一）生产观念

生产观念是指导营销者行为的最古老的观念之一。信奉生产观念的营销者认为，消费者喜爱那些随时可以买到的、价格低廉的产品。因此，生产观念是一种"以产定销"的观念，表现为重生产轻营销、重数量轻特色。生产观念是以产品生产为中心，以提高效率、增加产量、降低成本为重点的营销观念。从19世纪末20世纪初营销理论产生到20世纪20年代，大多数企业都持有这种观念。

（二）产品观念

产品观念的营销者认为，消费者喜欢那些质量优良、功能齐全、具有特色的产品。因此，企业应致力于提高产品的质量，增加产品的功能，不断地改进产品。同时，抱着"酒香不怕巷子深"的想法，认为只要产品好，不愁没销路，只有那些质量差的产品才需要推销。

产品观念也是一种"以产定销"的观念，其主要特点为：

（1）企业把主要精力放在产品的改进和生产上，追求高质量、多功能；

（2）轻视推销，单纯强调以产品本身来吸引顾客，一味排斥其他的促销手段；

（3）企业管理中仍以生产部门为主要部门，但加强了生产过程中的质量控制。

产品观念相对生产观念来讲，有了一定的进步，但产品观念导致"市场营销近视症"。西奥多·莱维特教授指出，"市场营销近视症"是指企业管理者在市场营销中缺乏远见，只注重其产品，认为只要生产出优质产品，顾客就必然会找上门，而不注重市场需求的变化趋势。

（三）推销观念

推销观念产生于20世纪20年代至50年代。这种观念认为，消费者存在购买惰性，如果任其自然，消费者一般不会足量购买某一企业的产品。企业因此应积极推销和大力促销，以刺激消费者大量购买本企业的产品。

这种观念产生的背景是由于社会生产率有了巨大发展，市场逐步由卖方市场向买方市场过渡。特别是因为1929～1933年的经济危机，大多数企业产品积压，迫使企业重视采用广告术和推销术去推销产品。这种观念虽然较前两种观念有所进步,但仍然是以生产为中心。这种观念至今仍存在于一些企业的经营活动当中。

(四)市场营销观念

市场营销观念是对前述以生产为出发点的观念的挑战,是以市场需求为出发点即"顾客需要什么,就生产什么"的新营销观念。这种观念形成于第二次世界大战结束后的经济全面复苏、社会生产力迅速发展、国民收入提高和市场出现供过于求以及市场竞争更加激烈的战后经济复兴阶段。在这一阶段,企业积极寻找新的经营模式,以谋求更好的生存与发展。

该观念认为,企业各项经营目标实现的关键是要明确确定市场的需要和欲望,刺激需求,满足需求,并比竞争者更有效地传送目标市场所期望的物品或服务,进而比竞争者更有效地满足目标市场的需要和欲望。从本质上说,这种观念是消费者主权论在经营管理理念中的体现。

(五)社会市场营销观念

社会营销观念产生于20世纪70年代。奉社会营销观念为主流的营销者认为,企业的营销活动不仅要满足消费者的欲望和需求,而且要符合消费者和全社会的长远利益,要变"以消费者为中心"为"以社会为中心"。因此,企业在市场营销中,一方面要满足市场需求,另一方面要发挥企业的优势。同时,还要注重社会利益,确保消费者的身心健康和安全,确保社会资源的合理、有效利用,防止环境污染,保持生态平衡。要将市场需求、企业优势与社会利益三者结合起来确定企业的经营方向。

(六)绿色营销观念

绿色营销是指企业以环境保护观念作为其营销思想,以绿色文化为其价值观念,以消费者的绿色消费为中心和出发点,力求满足消费者绿色消费需求的营销策略,即强调把消费者需求、企业利润和环境保护三者有机地统一起来,最突出的特点就是充分顾及资源利用与环境保护问题。

第二节　市场营销环境与目标市场营销

一、市场营销环境

聪明的营销人员在规划营销活动之前,必须先收集、分析"营销气候"的状况,也就是要了解营销环境。市场营销环境泛指一切影响和制约企业市场营销决策和实施的内部条件和外部环境的总和,即指企业在开展营销活动中受其影响和冲击的不可控行动者和社会力量,如供应商、顾客、文化和法律环境等。

二、目标市场营销

目标市场上的顾客到底对产品有怎样的需求,诱发顾客购买的动机又是什么? 大部分的顾客是如何进行购买决策的? 顾客为什么会选择你的产品而不选择其他厂家的产品? 这些都可以通过目标市场营销理论的学习来解惑。

目标市场是企业拟投其所好,为之服务的具有相似需要的顾客群体。目标市场营销就是企业在其资源有限的条件下,根据市场需求的异质性,把整体市场划分为若干个子市场,并选择相应的子市场作为企业的目标市场,从而更有效地发挥自己的资源优势,更好地满足顾客的需要,实现企业的营销目标的一种营销战略。

目标市场营销包括三个步骤:一是市场细分,二是选择目标市场,三是进行市场定位。

(一)市场细分

▶▶ 1.市场细分的定义

市场细分也称为市场分割,是由市场营销学家温德尔·斯密于 20 世纪 50 年代中期首先提出来的一个新概念。其含义是指营销者通过市场调研,依据消费者(包括生活消费者、生产消费者)的需要与欲望、购买行为和购买习惯等方面的明显差异性,把某一产品的整体市场划分为若干个消费群(买主群)的市场分类过程。

▶▶ **2.市场细分的作用**

（1）有利于发现市场营销机会

市场营销机会是已出现于市场但尚未加以满足的需求。这种需求往往是潜在的，一般不容易发现。运用市场细分的手段，便于发现这类需求并从中寻找适合本企业开发的需求，从而抓住市场机会使企业赢得市场主动权。

（2）能有效地运用营销策略

市场细分是市场营销组合策略运用的前提。即企业要想实施市场营销组合策略，首先必须对市场进行细分，确定目标市场。因为任何一个优化的市场营销组合策略的制定，都是针对所要进入的目标市场的。离开了目标市场，制定的市场营销组合策略就无的放矢，这样的营销方案是不可行的。

（3）能有效地与竞争对手相抗衡

在企业之间竞争日益激烈的情况下，通过市场细分，有利于发现目标消费者的需求特性，从而调整结构，增加产品特色，提高企业的市场竞争能力，有效地与竞争对手相抗衡。

▶▶ **3.市场细分的依据**

（1）消费者市场细分

市场细分化是一个包含许多变量的多元化过程。

①地理细分。按照消费者所处的地理位置、自然环境来细分市场称为地理细分。其具体变量包括国家、地区、城市、乡村、城市规模、人口密度、气候带、地形地貌等。地理细分之所以可行，主要是由于处在不同地理环境下的消费者，对同一类产品可能会有不同的需要与偏好，他们对企业产品的价格、销售渠道、广告宣传等营销措施的反应也常常存在差别。例如，防暑降温、御寒保暖之类的消费品按不同气候带细分市场；家用电器、纺织品之类的消费品按城乡细分市场；而按人口密度来细分市场，对于基本生活必需品、日用消费品的生产厂家则可能很有意义。

②人口细分。按照人口统计因素来细分市场称为人口细分。这方面的变量很多，如年龄、性别、职业、收入、教育、家庭人口、家庭生命周期、国籍、民族、社会阶层等，具体可以从人口年龄构成、性别差异、家庭构成、社会构成四个方面进行。很明显，人口变量与需求差异性之间存在着密切的因果关系。不同年龄组、不同文化水平的消费者，会具有不同的生活情趣、消费方式、审美观和产品价值观，因

而对同一产品,例如服装或书籍,必定会产生不同的消费需求,而经济收入的高低不同则会影响人们对某一产品在质量、档次等方面的需求差异等。

③心理细分。按照消费者的心理特征来细分市场称为心理细分。心理因素十分复杂,包括生活方式、个性、购买动机、价值取向以及对商品供求局势和销售方式的感应程度等变量。

④行为细分。行为细分是企业按照消费者购买或使用某种产品的时机、消费者所追求的利益、使用者情况、消费者对某种产品的使用率、消费者对品牌(或商店)的忠诚程度、消费者待购阶段和消费者对产品的态度等行为变量来细分消费者市场。

有些产品从"消费时机"角度来细分市场是有意义的。例如,居民平时与节假日对礼品旅游之类产品和服务的消费行为,学生平时与开学之际对学习用品的购买行为,就存在着较大差异,要求企业相应规划、设计出不同的营销方案。

按消费者进入市场的程度,可将同种产品的消费者区分为经常购买者、初次购买者、潜在购买者等不同群体。一般说来,大企业实力雄厚,市场占有率较高,因而特别注重吸引潜在消费者,使他们成为本企业产品的初次购买者,进而成为经常购买者,以不断扩大市场阵地;而小企业资源有限,无力开展大规模的促销活动,以吸引、保持住一部分经常购买者为上策。

按消费数量来细分市场,称为数量细分。这是行为细分的一种主要形式。许多产品的经常购买者都可以进一步细分为大量用户、中量用户、少量用户这样几个消费者群。

消费者对许多产品都存在着"品牌忠诚"这样一种购买行为。根据对品牌的忠诚状况,可将一种产品的消费者划分为下列几个主要群体:

单一品牌忠诚者。这类消费者一贯忠诚于某一种品牌。任何时候、任何场合都只购买该种牌号的产品。

几种品牌忠诚者。这类消费者的购买总是限于很少几种品牌。

无品牌偏好者。这类消费者对何种品牌无所谓,购买具有很大的随意性。

这种划分法会给营销者如下启迪:凡是单一品牌忠诚者占较大或很大比重的市场的情况,其他企业很难进入,即使进入也难以提高市场占有率;如果情况相反,则有利于其他企业进入该市场并逐步扩大市场份额;而对非品牌偏好者,企业宜在促销方面多下工夫,尽力吸引他们,以扩大销售。

(2)产业市场细分

在消费者市场的细分变量中,除人口因素、心理因素中的某些具体变量,如生活方式以外,相当一部分同时可以用做细分产业市场的依据。

细分产业市场的主要依据:一是用户(客户)行业,二是用户规模,三是用户地理位置。

>> **4.市场细分的程序**

市场学家麦卡锡提出细分市场的一整套程序,这一程序包括七个步骤。

(1)选定产品市场范围,即确定进入什么行业,生产什么产品。

(2)列举潜在消费者的基本需求。

(3)了解不同潜在用户的不同要求。

(4)抽掉潜在顾客的共同要求,而以特殊需求作为细分标准。

(5)根据潜在顾客基本需求上的差异方面,将其划分为不同的群体或子市场,并赋予每一子市场一定的名称。

(6)进一步分析每一细分市场需求与购买行为特点,并分析其原因,以便在此基础上决定是否可以对这些细分出来的市场进行合并,或做进一步细分。

(7)估计每一细分市场的规模,即在调查基础上,估计每一细分市场的顾客数量、购买频率、平均每次的购买数量等,并对细分市场上产品竞争状况及发展趋势做出分析。

(二)选择目标市场

企业在确定其目标市场战略时,有无差异市场营销、差异性市场营销和集中性市场营销三种选择。

无差异市场策略的具体内容是:企业把一种产品的整体市场看作一个大的目标市场,营销活动只考虑消费者或用户在需求方面的共同点,而不管他们之间是否存在差异。因而企业只推出单一的标准化产品,设计一种市场营销组合,通过无差异的大力推销,吸引尽可能多的购买者。无差异营销的最大优点和立论基础是成本的经济性。但是,这种策略对于大多数产品并不适用,对于一个企业来说一般也不宜长期采用。

差异性市场营销,一般又称差异化市场营销,指企业把产品的整体市场划分为若干个细分市场,针对各个细分客户市场的需要而刻意设计适合他们的产品和服务,并在渠道、促销和定价等方面有相应的改变,以适应各个和分市场的需要。差异性营销的优点有:①灵活性大,可以满足不同消费者群的需要,提高产品的竞争力,增加销售额;②如果企业能在各细分市场上取得较好的经营效果,则易树立起良好的企业形象,从而能争取到更多的单一品牌忠诚者。但是,随着产品品种的增加,销售渠道的多样化,以及市场调研、广告宣传等营销活动的扩大与复杂化,生产成本、管理费用、销售费用必然会大幅度增加。采用这一策略必然会受到企业资源力量的制约,雄厚的财力、较强的技术力量和素质较高的营销人员,是实行差异性市场营销的必要条件。

集中性市场营销是指企业选择一个细分市场,并对之进行密集的营销活动,这种方式特别适合于企业资源有限的情况。根据这种战略,企业将放弃一个市场中的小份额,而去争取一个或几个亚市场中的大份额。目标市场集中能够深入地了解市场的需求,使产品更加适销对路,有利于树立和提高企业形象,在市场上建立巩固地位。同时,由于实行专业化经营,可以节省成本和营销费用增加盈利。

(三)进行市场定位

▶▶▶ 1.市场定位的定义

市场定位,也被称为产品定位或竞争性定位,是在 20 世纪 70 年代由营销学家艾·里斯和杰克·特劳特提出的,是指根据竞争者现有产品在细分市场上所处的地位和顾客对产品某些属性的重视程度,塑造出本企业产品与众不同的鲜明个性或形象,并传递给目标顾客(即目标市场),使该产品在细分市场占有强有力的竞争地位。也就是说,市场定位是塑造一种产品在细分市场上的位置。

▶▶▶ 2.市场定位的方式

(1)避强定位

避强定位,也称为补缺定位。这是一种避开强有力的竞争对手的市场定位。其优点是能够迅速地在市场上站稳脚跟,并能在消费者或用户心目中迅速树立起一种形象。由于这种定位方式市场竞争风险较小,成功率较高,常常为多数企业所采用,但空白的细分市场往往同时也是难度最大的细分市场。

(2)迎头定位

迎头定位,也称为对抗定位。这是一种与在市场上占据支配地位的,亦即最强的竞争对手"对着干"的定位方式。显然,迎头定位有时会是一种危险的战术,但不少企业认为这是一种更能激励自己奋发上进的可行的定位尝试,一旦成功就会取得巨大的市场优势。事实上,这类事例屡见不鲜,如可乐企业之间持续不断的争斗、快餐系统的对着干等。实行迎头定位,必须知己知彼,尤其应清醒地估计自己的实力,不一定试图压垮对方,只要能够平分秋色就已是巨大的成功。

(3)重新定位

重新定位通常是指对销路少、市场反应差的产品进行二次定位。很明显,重新定位旨在摆脱困境,重新获得增长与活力。这种困境可能是企业决策失误引起的,也可能是对手有力反击或出现新的强有力竞争对手造成的。不过,也有的重新定位并非因为已经陷入困境,相反,却是产品意外地扩大了销售范围引起的。例如,专为青年人设计的某种款式的服装在中老年消费者中也流行开来,该产品就会因此而重新定位。

第三节 市场调查与预测

一、市场调查

在企业的营销管理过程中,营销决策者经常需要通过专门性的调查研究收集有关的信息。例如,某企业准备生产一种新产品,在做出决策之前,有必要对该产品的市场潜力进行准确的预测。对此,无论是内部报告系统还是营销情报系统,都难以提供足够的信息以完成这一预测,这就需要市场调查。

(一)定义

市场调查是指运用科学的方法系统地、客观地辨别、收集、分析和传递为有关市场营销决策提供的重要依据的过程。

(二)类型

市场调查按调查目的可分为探测性调查、描述性调查、因果性调查和预测性调查。

>> 1. 探测性调查

当企业对所要调查的问题和范围尚不清楚,无法确定应当调查什么问题、调查哪些内容时,可采用探测性调查。探测性调查的目的是确定调查的问题和范围。至于问题如何解决,尚需进行其他调查。

2.描述性调查

描述性调查是指通过搜集与市场有关的各种历史资料和现实资料,并通过对这些资料的分析,来揭示市场发展变化的趋势,从而为企业的市场营销决策提供科学的依据。多数的市场调查是属于描述性的。与探测性调查相比,描述性调查要深入一步。

3.因果性调查

进行因果性调查的目的是揭示和鉴别某个因变量的变化究竟受哪些因素的影响以及各种影响因素的变化对因变量产生影响的程度。因果性调查主要解决"为什么"的问题。

4.预测性调查

预测性调查是根据前三种调查所提供的各种市场情报资料,运用定性或定量的方法,推断市场在未来一定时期内对某种产品的需求情况及变化趋势。

(三)步骤

市场调查六个具体步骤如下:①确定调查目的;②编制调查计划;③设计调查表格;④实施调查,搜集资料;⑤整理、分析调查资料;⑥撰写市场调研报告。

(四)方法

市场调查的方法主要有以下几种。

1.文案调查法

利用公开资料进行市场调查的方法称为文案调查法。文案调查法的调查对象是各种文献、档案中包含的信息资料。

2.观察调查法

观察调查法是指调查者在现场对调查对象的情况进行直接观察,以取得市场信息的方法。

▶▶ 3.访问调查法

访问调查法是指调查人员通过询问的方式向调查对象了解、收集信息资料的调查方法。访问调查法主要有以下四种类型。

(1)面谈调查法。

(2)电话调查法。

(3)邮寄调查法。邮寄调查法是指调查人员将设计印刷好的调查问卷通过邮政系统寄给已选定的调查对象,由调查对象按要求填写后再寄回来,调查者根据对调查问卷的整理分析,得到市场信息的方法。

(4)留置调查法。留置调查法是调查人员将调查问卷当面交给调查对象,并详细说明调查目的和填写要求,留下问卷,由被调查者自行填写,再由调查人员定期收回问卷的一种调查方法。

▶▶ 4.实验调查法

实验调查法是一种特殊的市场调查方法。它是根据市场调查的目的,把调查对象置于一定的条件下,进行实验对比来收集市场信息资料的调查方法。

二、市场预测

企业在市场营销过程中,有时面临许多营销机会,这就需要对市场机会进行认真的分析比较,从中做出最有利于自己的选择。因此,营销管理者需要进行市场预测。

(一)定义

市场预测是指根据市场营销的历史和现状,凭借以往的经验和知识,运用科学的方法和技术,对影响市场供求变化的诸因素进行调查研究,分析、预见、测算、判断其未来发展趋势,得出合乎逻辑的结论,为确定营销决策提供可靠依据的活动和过程。

(二)步骤

市场预测一般包括以下步骤:确定预测目标;制订预测计划;搜集预测资料,选择预测方法;分析预测结论;确定预测结论。

（三）方法

1.定性预测方法

定性预测法也称为直观判断法,是市场预测中经常使用的方法。定性预测主要依靠预测人员所掌握的信息、经验和综合判断能力,预测市场未来的状况和发展趋势。这类预测方法简单易行,特别适用于那些难以获取全面的资料进行统计分析的问题。主要包括以下几种具体方法。

（1）集合意见法

集合意见法是指企业内部经营管理人员、业务人员凭自己的经验判断,对市场未来需求趋势提出个人预测意见,再集合大家意见做出市场预测的方法。

（2）德尔菲法

德尔菲法是指采用背对背的信函方式征询专家小组成员的预测意见,经过几轮征询,使专家小组预测意见趋于集中,最后做出符合市场未来发展趋势的预测性结论的方法。

（3）购买者意向调查法

购买者意向调查法是通过一定的调查方式（如抽样调查、典型调查等）选择一部分或全部的潜在购买者,直接向他们了解未来某一时期（即预测期）购买商品的意向,并在此基础上对商品需求或销售做出预测的方法。在缺乏历史统计数据的情况下,运用这种方法可以取得数据资料,做出市场预测。

2.定量预测方法

定量预测是指利用比较完备的历史资料,运用数学模型和计量方法预测未来的市场需求的预测方法。定量预测法包括以下几种方法。

（1）趋势预测法

趋势预测法又称为时间序列预测法或趋势分析预测法,是运用商品供求的历史资料和数据,将大量的统计数据按照时间先后排列,从中找出经济发展过程中具有共同倾向的变动过程、方向和趋势,并将时间序列延伸,运用适当的数学模型来预测下期市场的商品供求数量或经济发展可能达到的水平的方法。

（2）点数预测法

点数预测法类似于现场观察,即通过在某一特定的地方如购买现场、交通要道甚至是公共场所,观察消费者对于一些时尚用品的购买和使用,以点数的方式记录消费者的需求与爱好,借以判断商品销售趋势的一种调查方法。

(3)回归分析预测法

回归分析预测法是指在分析市场现象自变量和因变量之间相关关系的基础上,建立变量之间的回归方程,并将回归方程作为预测模型,根据自变量在预测期的数量变化来预测因变量变化的预测方法。它是一种具体的、行之有效的、实用价值很高的市场预测方法。

第四节 市场营销策略

一、产品策略

一个产品要想在激烈的市场竞争中生存和发展,最关键的就是它能否满足消费者的需求和偏好。因此,制定行之有效的产品策略成为企业营销决策的重要环节。

(一)产品组合策略

▶▶ 1.产品整体概念

产品整体概念包括五个基本层次。

(1)核心产品。核心产品是向顾客提供产品基本效用或利益。

(2)基本产品。基本产品也称为形式产品,是指核心产品借以实现的形式。形式产品由五个特征构成,即品质、式样、特征、商标及包装。

(3)期望产品。期望产品是指购买者在购买该产品时期望得到的与产品密切相关的一整套属性和条件。

(4)附加产品。附加产品是指顾客购买形式产品和期望产品时所附加的产品说明书、保证、安装、维修、送货、技术培训等。

(5)潜在产品。潜在产品是指现有产品在未来的可能演变趋势和前景。

产品整体概念的五个层次十分清晰地体现了以顾客为中心的现代营销观念。这一概念的内涵和延伸都是以消费者的需求为标准的,由消费者的需求决定。

▶▶ 2.产品组合

(1)产品组合相关概念

①产品线,又称产品系列或产品类,是指具有同类功能、满足消费者同类需要

的关系密切的一组产品。

②产品项目,是指某个产品系列中的某一规格、档次、款式的产品。

③产品组合,是指一个企业生产、经营的全部产品线或产品项目的组合或搭配。

④产品组合的测量尺度。

(2)产品组合维度

①关联度,是指一个企业的各个产品系列在生产条件、分销渠道以及最终使用等方面的相关程度。

②宽度,是指一个企业生产或经营的产品系列的多少,也称产品广度。

③长度,是指企业产品组合中包含在各条产品线中的所有产品项目的总和,即所有产品线中的产品项目相加之和。

④深度,是指一个企业产品线中的每一产品项目有多少个品种。

(3)产品组合策略

①扩大产品组合策略。扩大产品组合策略着眼于向顾客提供所需要解决的所有产品。它包括三个方面的内容:一是扩大产品组合的宽度,即在原产品组合中增加一条或几条产品线,扩大产品经营范围;二是扩大产品组合的深度,即在原有产品线内增加新的产品项目,发展系列产品,增加产品的花色品种;三是增加产品组合的关联度。

②缩减产品组合策略。缩减产品组合策略是企业从产品组合中剔除那些获利小的产品线或产品项目,也就是缩小产品组合的宽度和深度,集中经营那些获利最多的产品线和产品项目。

③产品线延伸策略。产品线延伸策略指全部或部分地改变原有产品的市场定位,增加经营档次或经营范围。具体有三种实现方式:向下延伸、向上延伸和双向延伸。

(二)产品生命周期

▶▶ 1.产品生命周期的定义

产品生命周期是指某产品从进入市场到被淘汰退出市场的全部运动过程,生命周期受需求与技术的影响。

▶▶ 2.产品生命周期阶段划分

产品生命周期分为四个阶段:产品引入阶段、市场成长阶段、市场成熟阶段和市场衰退阶段。

(三)品牌

▶▶ 1.品牌的内涵

品牌是用来识别一个或一批卖主的商品或劳务的名称、术语、符号、象征、设计或其组合,也被称为厂牌、牌子,通常包括品牌名称、品牌标志和商标。

▶▶ 2.品牌的作用

(1)品牌是保证质量的标志。

(2)品牌可以起到保护消费者利益的作用。

(3)品牌可以建立稳定的顾客群体,有助于市场细分和市场定位。

(4)品牌具有促进销售的作用。

▶▶ 3.品牌策略

(1)品牌有无策略

品牌有无策略即企业是否对其产品使用品牌的策略。

许多企业对其产品不规定品牌名称和品牌标志,也不向政府注册登记,实行非品牌化,这种产品叫作无牌产品。企业推出无牌产品的主要目的是节省包装、广告等费用,降低价格,扩大销售。

(2)品牌归属策略

品牌归属即品牌归谁所有,由谁负责。企业有三种可供选择的策略:企业可以选择使用自己的品牌,这种品牌叫作企业品牌、生产者品牌、全国性品牌;企业也可以选择将其产品大批量地卖给中间商,中间商再用自己的品牌将物品转卖出去,这种品牌叫作中间商品牌、自由品牌;企业还可以选择有些产品使用自己的品牌,有些产品用中间商品牌,这叫作混合品牌。

(3)品牌统分策略

如果企业决定其大部分或全部产品都使用自己的品牌,那么还要进一步决定其产品是分别使用不同的品牌,还是统一使用一个或几个品牌。具体有以下四种可供选择的策略:

①统一品牌名称。企业所有的产品都统一使用一个品牌。

②个别品牌。企业对各种不同的产品分别使用不同的品牌。

③分类品牌名称。在对企业所有产品进行分类的基础上,各类产品使用不同品牌。

④公司名称加个别品牌名称。公司商号名称加单个产品名称相结合。

(4)品牌扩展策略

品牌扩展就是指企业利用其成功品牌的声誉来推出改良产品或新产品。该策略可以使新产品借助成功品牌的市场信誉在节省促销费用的情况下顺利地占领市场。

二、定价策略

(一)影响企业产品定价的因素

影响企业产品定价的因素是需求和市场竞争。

不管处于哪种市场环境,企业面对竞争对手的价格变动时,必须认真调查研究如下问题:

(1)竞争对手为什么变动价格;

(2)竞争对手打算暂时变动价格还是永久变动价格;

(3)如果对竞争对手变动价格置之不理,将对企业的市场占有率和利润有何影响;

(4)其他企业是否会做出反应;

(5)竞争对手和其他企业对于本企业的每一个可能的反应又会有什么反应。

(二)定价策略

》》1.心理定价策略

(1)声望定价

声望定价是指企业利用消费者仰慕名牌商品或名店的声望所产生的某种心理,故意把商品价格定成整数或高价。

(2)尾数定价

尾数定价是指利用消费者数字认知的某种心理,尽可能在价格数字上不进位,而保留零头,使消费者产生价格低廉和卖主经过认真的成本核算才定价的感觉,从而使消费者对企业产品及其定价产生信任感。

（3）整数定价

整数定价即把商品的价格定为能满足消费者心理需要的整数。

（4）招徕定价

招徕定价是指零售商利用部分顾客求廉的心理,特意将某几种商品的价格定得较低以吸引顾客。

（5）习惯定价

习惯定价是指根据消费者的需求习惯制定商品的销售价格。

2. 折扣定价策略

企业为了鼓励顾客及早付清货款、大量购买、淡季购买,还可以酌情降低产品基本价格,这种价格调整叫作价格折扣。价格折扣的主要类型有现金折扣、数量折扣、功能折扣、季节折扣、价格折让等。

影响折扣策略的主要因素是竞争对手以及联合竞争的实力、折扣的成本均衡性、市场总体价格水平。企业实行折扣策略时,还应该考虑企业流动资金的成本、金融市场汇率变化、消费者对折扣的疑虑等因素。

3. 地区定价策略

地区定价策略实质就是对于卖给不同地区顾客的某种产品,企业要决定是分别制定不同的价格,还是制定相同的价格。

4. 差别定价策略

差别定价也叫价格歧视,是指企业按照两种或两种以上不反映成本费用的比例差异的价格销售某种产品或服务。

5. 新产品定价策略

（1）撇脂定价

撇脂定价是指在产品生命周期的最初阶段,把产品的价格定得很高,以攫取最大利润。

（2）渗透定价

渗透定价是指企业把其创新产品的价格定得相对较低,以吸引大量顾客,提高市场占有率。

▶▶▶ 6.系列产品定价策略

系列产品通常是指具有一定替代性或互补性的产品。由于其销售上的关联性,企业定价时要充分考虑其特殊性,制定相应的价格策略。

(1)产品线定价策略

通常企业开发出来的是产品线而不是单一的产品。当企业生产的系列产品存在需求和成本的内在关联性时,为了充分发挥这种内在关联性的积极效应,常常采用产品线定价策略。首先,确定此产品线上某种产品的最低价格,使其在产品线中充当领袖价格,诱导消费者购买产品线中的其他产品;其次,确定产品线中某种商品的最高价格,它在产品线中充当获得利润的角色;最后,确定产品线中某种产品的合理价格,它在产品线中起到树立品牌形象的作用。采取这种策略时,必须使价格搭配得当,优惠到有足够的吸引力,高到有人乐于购买。同时,还必须防止引起顾客反感的硬性搭配。

(2)替补品定价策略

替补品是指基本用途相同的产品。此策略是指营销企业有意识地安排本企业消费替补性产品间的价格比例,通过提高或降低某个产品的价格,将消费者引导到具有替补性的另一种产品上,用以实现某种营销目标。

(3)互补品定价策略

许多企业在提供主要产品的同时,还提供一些与主要产品密切相关的互补产品。互补产品分为非必需与必需两种。

对非必需互补产品的定价是个棘手问题,必须考虑把哪些互补产品计入产品的价格中,哪些另行计价,这就需要根据市场的环境、购买者的偏好等因素认真分析,否则会影响产品销售。例如,有些饭馆将饭菜的价格定得较低,而酒水的价格定得较高,靠低价饭菜吸引顾客,以高价的酒水赚取厚利。

必需互补品又称连带产品,指必须与主要产品一同使用的产品,如手机和电池、计算机软件和硬件等都是不可分开的连带产品。一般说来,大企业往往把主产品的价格定得较低,而把连带产品的价格定得较高,消费者一旦购买了主产品后就非得购买连带产品不可,企业可以通过大量销售连带产品获取高额利润,如灭蚊器与灭蚊药片。

三、渠道策略

(一)定义

分销渠道也称配销通路或市场营销渠道,它是指产品在其所有权转移过程中从生产领域进入消费领域所经过的各个环节及经营机构。

(二)渠道策略

企业在建立渠道时,一般要考虑渠道的长度、宽度和各种渠道的联合策略等。

》》1. 渠道长度策略

渠道长度就是指产品在流通中经过的级数的多少。营销学以中间机构的级数来表示渠道的长度。

(1)零级渠道

零级渠道是指没有中间商参与,产品由生产者直接售给消费者的渠道类型。

(2)一级渠道

一级渠道包括一级中间商。在消费品市场,这个中间商通常是零售商,而在工业品市场,它可以是一个代理商或经销商。

(3)二级渠道

二级渠道包括两级中间商。消费品二级渠道的典型模式是经由批发和零售两级转手分销。

(4)三级渠道

三级渠道是包含三级中间商的渠道类型。

》》2. 渠道宽度策略

根据渠道每一层级使用同类型中间商的多少,可以划分渠道的宽度结构。企业在制定渠道宽度策略时面临以下三种选择。

(1)密集分销

密集分销是制造商通过尽可能多的批发商、零售商经销其产品所形成的渠道。

（2）选择分销

选择分销是制造商按一定条件选择若干个同类中间商经销产品所形成的渠道。

（3）独家分销

独家分销是制造商在某一地区市场仅选择一家批发商或零售商经销其产品所形成的渠道，这是最窄的一种分销渠道形式。

3. 渠道联合策略

分销渠道还可以分为传统渠道系统和整合渠道系统两大类型。

（1）传统渠道系统

传统渠道系统是指由独立的生产商、批发商、零售商和消费者组成的分销渠道。传统渠道系统成员之间的关系是松散的。

（2）整合渠道系统

整合渠道系统是指在传统渠道系统中，渠道成员通过不同程度的一体化整合形成的分销渠道。整合渠道系统主要包括垂直渠道系统、水平渠道系统和多渠道系统。

垂直渠道系统是由制造商、批发商和零售商纵向整合组成的统一系统，包括公司式垂直渠道系统、管理式垂直渠道系统、契约式垂直渠道系统。

水平渠道系统是由两家或两家以上的企业横向联合，共同开拓新的营销机会的分销渠道系统。

多渠道系统是指生产企业通过多条渠道将相同的产品送到不同的市场或相同的市场。

四、促销策略

让我们先思考一下，我们经常看到的各种电视广告、报纸广告等是不是促销方式？促销策略包括哪些内容呢？

（一）定义

促销策略（促销组合）是指企业如何通过人员推销、广告、公共关系和营业推广（销售促进）等各种促销方式，向消费者或用户传递产品信息，引起他们的注意和兴趣，激发他们的购买欲望和购买行为，以达到扩大销售的目的。

（二）促销策略的分类

促销策略可分为"推动"策略和"拉引"策略两大类。

▶▶ 1."推动"策略

所谓推动策略，就是指企业以中间商为主要促销对象把产品推进分销渠道，最终推向目标市场，推向消费者的一种方法。

▶▶ 2."拉引"策略

所谓拉引策略，就是指以最终消费者为主要促销对象，通过运用广告、营业推广、公共关系等促销手段，向消费者展开强大的促销攻势，使之产生强烈的兴趣和购买欲望，纷纷向经销商询购这种商品，从而诱导中间商积极向制造商进货的一种方法。

（三）人员推销策略

在人员推销活动中，一般采用以下三种基本策略。

▶▶ 1.试探性策略

也称为"刺激　反应"策略，即在不了解顾客的情况下，推销人员运用刺激性手段引发顾客产生购买行为的策略。

▶▶ 2.针对性策略

是指推销人员在基本了解顾客某些情况的前提下，有针对性地对顾客进行宣传、介绍，以引起顾客的兴趣和好感，从而达到成交的目的。因推销人员常常在事先已根据顾客的有关情况设计好推销语言，故针对性策略也称为"配方　成交"策略。

▶▶ 3.诱导性策略

也可称为"诱发　满足"策略，是指推销人员运用能激起顾客某种需求的说服方法，诱发、引导顾客产生购买行为。

第四章 组织结构管理

第一节 组 织 职 能

人类是有组织的社会,任何人都离不开组织。组织是社会大生产和专业化分工的产物,它的产生是由于群体活动具有一定的协作效率,即组织往往能完成个人难以完成的目标。组织工作是管理的一项重要职能,组织工作的科学高效对决策方案的顺利实施和计划目标的实现有着重要的影响。

一、组织职能的含义和分类

(一)组织职能的含义

众多学者从不同角度对组织下定义。古典组织理论学家韦·白在《社会组织与经济组织》中提出:"组织是为达成一定目标经由分工与合作,形成不同层次的权利和责任制度,从而构成的人的集合。"切斯特·巴纳德从社会系统学角度提出:"组织是一个有意识地对人的活动或力量进行协调的关系,是两个以上的人自觉协作的活动或力量所组成的体系。组织的三个基本要素是信息交流、协作意愿和共同目的。"哈罗德·孔茨和海因茨·韦里克把组织定义为:"组织意味着一个正式的有意形成的职务结构或职位结构。"

总结上述学者对组织的定义,可以发现组织的含义既有静态的一面,又有动态的一面。静态的一面即名词意义上的组织,它包含以下三层含义:①组织必须具有明确的目标,目标是组织存在的基础和条件。②组织必须具有分工与合作,分工与合作相结合才能高效率地完成组织的目标。③组织要有不同层次的权利与责任制度,这是达到目标的重要保证。

动态的一面是指动词意义上的组织,是为了有效地实现共同目标而进行的一种活动安排,是对人、财、物等资源进行合理配置的过程。它包含以下几层含义:①合理的设计组织结构,包括对为实现组织目标的各种活动进行归并,成立职能部门,确定适度的管理幅度和管理层次。②正确的分权和授权有利于各层级、各部门为实现组织目标而协同工作。③人力资源管理。④组织文化建设。

(二)组织的分类

组织按照不同的标准分为不同的类型,按照组织存在的目的划分,可以分为营利性组织、非营利性组织和公共组织;按照组织的社会功能划分,可以分为经济组织、政治组织、文化组织、群众组织和宗教组织;按照组织结构是否有正式筹划安排,可以划分为正式组织和非正式组织。下面主要介绍一下正式组织和非正式组织。

▶▶ 1. 正式组织

巴纳德提出"如果有两个或两个以上的人,按照某一既定的目标而有意识地协调他们的活动时,就构成正式组织。"孔茨指出"正式组织是通过对角色职务结构的刻意设计而产生的,主要表现在指挥链、职权与责任的关系及功能作用。"总结上述学者对正式组织的定义可得,正式组织是指所有成员彼此互相沟通,为既定目标采取共同行动,并依法或依规章制度的有关规定,形成的组织形式。正式组织具有以下几个特征:①正式组织通常是经过规划而不是自发形成的。其组织机构的特征反映一定的管理思想和信仰。②正式组织都有明确的目标,为了有效地实现组织的目标来开展工作。③正式组织中成员的职责范围和相互关系都以书面文件形式做明确正式的规定。正式组织通常制定各种规章制度约束个人行为,实现组织的一致性。④正式组织都有明确的效率逻辑标准,组织成员讲究效率,以最经济有效的方式达到目标。

▶▶ 2. 非正式组织

非正式组织通常伴随着正式组织的运转而产生。人们在共同工作或活动中,由于志趣相投,有共同的利益和需要,对一些具体问题一致认同,或者工作性质相近、社会地位相当,在平时的接触中渐渐形成了一些不成文且群体成员都认可的行为规则,从而由原来松散的群体渐渐自发形成了非正式组织。罗宾斯把非正式组织定义为:"既没有正式结构,也不是由组织确定的联盟,它们是工人为了满足社会交往的需要在工作环境中自然形成的。"巴纳德认为,"如果没有自觉的、共同目的的活动,即使是有助于共同的结果,也是非正式组织。"根据以上学者的观点,可以总结出,非正式组织是未经正式筹划而由人们在交往中自发形成的一种个人关系和社会关系的网络。非正式组织具有以下几个特征:①人们并不是本着有意识的共同目的来建立非正式组织,而是因为他们具有共同的思想,相互喜爱,相互依赖,自发形成的一种组织形态。②非正式组织没有明确的规章制度来约束成员的行为,但会产生各种行为规范,通过组织成员的团体意识及非正式领导者的影响起作用。共同的情感是维系群体的纽带,因此人们彼此感情较为密切,具有很强的凝聚力。③非正式组织是由无意识的社会过程产生的,因此往往具有不稳定性。随着环境的改变,非正式组织成员及人际关系常常会发生变动,其结构会存在动态性。④非正式组织的领导是自然形成的,不是由于组织的决定而成立的,而是在发展过程中自然涌现出来的。通常在成员间的拥戴程度比正式组织高,且号召力强。

▶▶ 3. 非正式组织的影响作用及对策

非正式组织既可能对正式组织产生积极作用,也会产生消极影响。非正式组织的积极作用表现在:非正式组织的沟通渠道灵活多变,信息流转通畅,这是因为其人际关系网络超越了部门、单位、层级;且非正式组织能营造更加和谐、融洽的人际关系,从而提高成员的团结合作精神,使其成员更具有归属感;由于非正式组织不是从物质利益团结全体成员,而是从精神需求方面使成员得到满足,因此该组织的存在能够增强正式组织的凝聚力。非正式组织的消极作用在于:当非正式组织的角色和目标与正式组织的角色和目标发生冲突时,就会降低组织效能;非正式组织若存在拉帮结伙、散布谣言的现象,势必会影响企业的安定团结;非正式组织容易墨守成规,这样会对正式组织的变革产生障碍,造成组织创新的惰性。

由于非正式组织的存在是一种客观的、自然的现象,也由于非正式组织对正式组织具有正反两方面的作用,所以管理者不能采取简单的禁止或取缔态度,而应该对其妥善的管理。管理者应该正视非正式组织存在,并为非正式组织的形成提供条件;对于非正式组织的不利影响应该通过建立、宣传正确的组织文化,引导非正式组织能为正式组织作出积极的贡献;注意做好非正式组织领导人物的工作,使他们能对正式组织发挥积极作用,同时注意清除"害群之马"。

二、组织工作的内容

组织工作的活动过程也有其特点,组织工作包括组织为实现目标对所必需的活动进行分组、职权的设置、配备合适的人员、组织自身结构的设计与调整、组织运行规范的设计等方面的工作。具体来说,组织工作的内容包括以下几个方面。

（一）组织结构设计

组织结构设计是组织工作中最核心的环节，它主要是合理安排为实现目标中的工作分工协作关系，建立一种有效的组织结构。组织结构设计包括以下步骤：①根据组织的内外部环境，确定组织的目标，明确为实现目标所必须完成的工作任务。②对组织所需完成的工作任务进行适当的分组，从而确定管理的各个层级、部门，以及各部门所需完成的工作任务。③根据人与事相结合的原则，为各职务配备合适的人员，为各职位和部门分配责任和权限。④为了使各层级、各部门之间有效地一起工作，设置相互联系的方式和手段，使组织能够合理地分化与整合，形成实现组织目标所需要的正式组织体系。

（二）组织运行

组织的运行就是使设计好的组织能够运转起来。组织的运作过程中应处理好正式组织和非正式组织的关系，进行适度的集权与分权，向下级人员适当授权，积极有效地进行上下左右的沟通联系，建立现代公司制度等，保证组织能够有效运行，提高组织的效率。为了使组织工作能够有机运转，应该将各种规章制度落到实处，使之能够真正有效地解决组织运作过程中的一系列问题，实现组织运行的规范化和制度化。从一定意义上说，设计好的组织投入运作的过程是与管理工作其他方面的职能密切联系在一起的。

（三）组织变革

组织变革就是对组织的调整、改革与再设计，它属于组织工作过程中的反馈与修正步骤。当组织在运行过程中出现不完善之处，或者环境变化引起组织目标需作出调整时，应及时改变组织的内在结构，更好地实现组织的目标。

第二节　组织设计方法

一、组织设计基础

（一）组织设计的含义

组织设计是为了有效地实现组织目标，对组织结构、组织沟通渠道体系、分工、协调、控制、权力与责任进行合理配置和组合的过程。具体来说,组织设计包含以下三个步骤:职务设计与分析、部门划分、设计适宜的组织结构。

(二)组织设计的影响因素

组织是一个开放的系统,因此组织的设计既要受组织内部各种因素的影响,又要受外界变化环境的影响。这些变化因素会对组织结构的设计产生重大的影响,这些影响因素主要包括:组织战略、组织规模、技术因素和外部因素。

▶▶ 1.组织战略

组织战略包含组织在一定时期的全局方针、主要政策与任务的运筹谋划,是组织的总目标。组织结构为实现组织目标提供必要的前提,组织结构与组织战略是紧密联系在一起的。因此组织结构必须服从组织战略,并与战略紧密结合。不同的战略要求开展不同的业务活动,需要不同的组织结构与之相适应;当战略重点发生改变时,支持该战略的组织结构也应发生相应的变化。美国管理学家雷蒙德·迈尔斯和查尔斯·斯诺在其著作《组织的战略、结构和程序》中将战略影响组织结构的观点进行总结,如表 4-1 所示。

表 4-1 战略影响组织结构的观点

战略	目标	环境	组织结构特征
防守型战略	稳定与效益	相对稳定	严格控制,专业化分工程度高,规范化程度高,规章制度多,集权程度高
进攻性战略	快速与灵活	动荡而复杂	松散型结构,劳动分工程度低,规范程度低,规章制度少,分权少
分析型战略	稳定效益与灵活	变化的	适度集权控制,对现有的活动实行严格控制,但对部分部门采取让其分权或相对自主独立的方式,组织结构采用一部分有机式,一部分机械式

▶▶ 2.组织规模

组织的规模逐渐与组织的发展阶段相联系。托马斯·卡曼认为组织的发展过程要经历创业、职能发展、分权、参谋激增和再集权五个阶段。发展的阶段不同,就需要不同的组织结构与之相适应。一般来说,一个大型企业的组织结构比小型企业具有更高水平的专门化、部门化、集权化的规章制度。此外,当一个组织达到一定的规模,对组织结构的影响较弱。一个拥有 5000 名左右员工的公司,再增加 500 名员工不会显著影响该组织的结构;如果一个拥有 300 名左右员工的公司增加 500 名员工,很可能会对组织结构做出较大的调整。

3. 技术因素

组织的技术水平不仅会影响组织的生产效率,也会影响组织结构的选择和设计。琼·伍德沃德专门研究了制造业中的生产技术与组织结构的关系,她按技术的复杂程度和先进程度将企业划分为单件生产、批量生产、连续生产三类,并针对不同类总结出结构安排最合适的组织结构特征。表 4 – 2 是伍德沃德关于技术对组织结构影响的发现。

表 4 – 2 伍德沃德发现的技术—结构关系

	单件生产	批量生产	连续生产
结构特征	很低的纵向差异 很低的横向差异 很低的正规化	中等程度的纵向差异 高度的横向差异 高度的正规化	高度的纵向差异 很低的横向差异 很低的正规化
最有效的结构	有机式结构	机械式结构	有机式结构

每个组织将投入转化为产出的技术不尽相同,企业应根据技术的要求合理安排组织的机构。一般来说,技术越常规,组织结构就会越机械化、标准化;技术越非常规化,组织就越有可能采用有机式的结构。

4. 外部环境

任何组织都存在于一定的外部环境中,它包括政治经济形势、行业、政府、市场、人力资源、社会文化等因素。有些组织所面临的社会环境相对稳定、简单、不确定性程度低,有些组织则面临动态的、复杂的、不确定性程度高的环境,一般来说,当组织面临的外部环境越稳定,采用机械式组织结构更为有效;组织面临的外部环境是动态的、不确定性高,应采用有机式组织结构。

(三)组织设计的任务

1. 组织结构图

组织结构图是用来表示组织的机构设置和职权关系的一种图形。图 4 – 1 表示各种管理职务或相应的部门,垂直排列的位置表示了各种管理职务或部门在组织结构中的地位及它们之间的相互关系。例如,A 产品经理需服从总经理的指示,并向总经理汇报工作;同时又直接领导着营销负责人和生产技术负责人的工作。

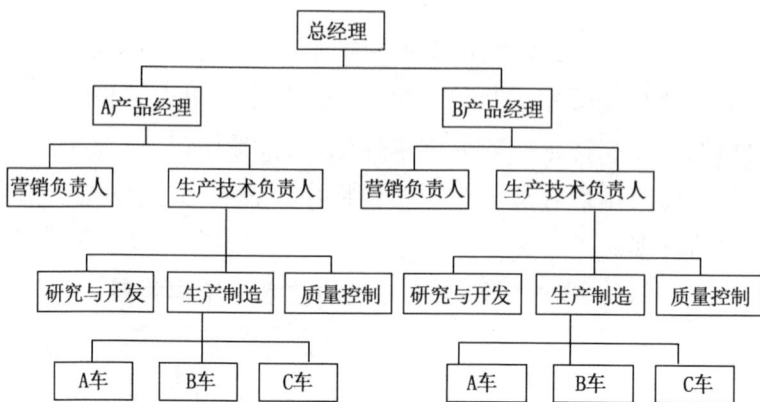

图 4-1 组织结构图

>>> 2.职务说明书

职务设计的结果是职务说明书。编写职务说明书就是编制职务描述和职务规范两个书面文件。职务描述是说明某一职务的职务性质、责任权利关系、主体资格条件等内容的书面文件。职务描述可用于设计业绩评价形式,职务评价和建立报酬系统,能确定需要完成工作的教育和训练,为设计适当的招聘、选择、训练和开发计划提供依据。职务规范是任职者任用条件的具体说明。职务规范集中于对任职人员的分析,职务描述侧重于反映工作定向分析的结果。职务说明书的编制有利于改进工作方法,并可作为招聘、培训、任用、提升、调动、考评等人力资源管理各种功能的依据。

二、组织的职务设计

一个组织通常将自己的目标任务所不可缺少的业务活动进行分类,划分成从事具体管理工作所需的职务类别和数量,并对每个职务所承担的任务、职责等进行规定,这一工作过程就是职务设计。现实中,有些职务是常规性的,经常重复的,有些职务是非常规性的。有些要求变化、多样的技能,另一些只要求狭窄的技能。有些职务限定员工遵循非常严格的程序,另一些则对员工如何工作给予充分的自由。有些职务需要让员工以团队合作的方式进行，另一些职务则让个人单独做可以做的更好。职务设计因任务组合的方式不同而异，这些不同的组合方式形成了多种职务设计方案。接下来介绍职务设计的三种形式：

▶▶ **1.职务专业化**

亚当·斯密曾经在他的著作《国富论》中谈到过专业化分工对大头针制造厂带来的变化。实施专业化分工之前，一个熟练的工厂每天最多只能做 10～20 个别针；工厂将制作过程分为抽钢丝、拉直、切割、削尖、接钉头等，这样就能达到人均每天生产 120 个，效率比以前提高至少 6 倍。分工专业化原则继续指导着许多职务的设计，如工厂工人在装配流水线上从事简单、重复的工作；办公室职员在计算机终端执行范围狭窄的、标准化的作业。

职务专业化有利于提高员工对工作的熟练程度，有利于减少员工的培训费用及扩大企业招工对象的来源范围，有利于降低企业的生产成本等。但职务专业化也可能会带来负面影响，重复性的流水线工作会让员工产生厌倦、乏味的感觉，这会降低员工工作的积极性，影响工作的质量和整体效率。采用职务专业化早期能带来规模经济效益，到后期容易产生工作之间的协调困难和人员激励的困难。

▶▶ **2.职务扩大化**

这是与职务专业化相对立的一种设计思想。它不是将职务划分为细小的部分，让每个员工单独承担，而是把几项工作纳入一个职务中，扩大员工的工作范围。以装配收音机为例，原来是每个人负责一项很简单的操作，如将电容器插在焊孔上，现在则改为每个员工装配一个部件，甚至由单个员工装配整台收音机。职务扩大化可以提高工作的多样性，使员工的工作更具吸引力，从而增加员工对工作的乐趣，能够调动员工的工作积极性。但职务扩大化属于工作的横向扩展，增加的工作内容与员工以前承担的任务类似，因此没有给员工的工作提供多少挑战性。

另一种相似的做法是职务轮换，即让员工有次序的从事不同的工作。一般来说有纵向和横向两种类型的职务轮换。纵向的职务轮换是指升职或者降职，我们通常谈及的职务轮换是指横向的职务轮换。海尔集团就采用了届满轮流制，即员工在一定岗位上任期满了之后，根据公司总体的发展目标和个人的发展需要，调到其他岗位上任职。职务轮换能使员工拓展工作经验，使其在未来执行工作和处理问题时可以全方位、更周全。但组织也会出现轮换后的经理因为缺乏经验，不能在处理日常问题时做出良好的决策,可能导致生产效率的下降。

3. 职务丰富化

职务丰富化是指在纵向上充实和丰富工作内容,加深工作的深度,从而增加员工对工作的自主性和责任心,使其体验工作的内在意义、挑战性和成就感。职务丰富化在员工的工作内容和责任层次上做出改变,使职务多样化,能够满足员工的心理需要,达到激励的目的。职务丰富化的目的主要将部门管理权限下放给下级人员,使其在完成任务过程中有参与决定的权力。

职务设计应该将因事设职与因人设职相结合,既要考虑为完成目标所需要的业务活动,又要兼顾到人员配备、培训及激励的问题。有些企业不顾工作的实际需要,认为有人员就需要设置职务,这种做法降低了企业的工作效率。在职务设计考虑到人的需要和潜能的情况下,人员配备工作应该服从职务设计所规定的工作人员数量和资格规范的要求,最终达到每一个职位都有合适的人员承担工作,每一个员工都有合适的工作岗位发挥其才能。

三、组织的部门化

组织设计的大部分工作是将管理职能部门化。部门化是指各类主管人员按照一定的方式把工作和人员分解成若干个相互依存的基本管理单位,如部、处、科、室、组等,这些都可以称为部门。它的实质是将不同的管理人员安排在不同的管理岗位和部门中,通过他们在特定环境、特定相互关系的管理工作中使整个管理系统有机地运转起来,从而能有效地达到组织的目标。按照不同的组织划分标准可以将组织系统划分成不同的结构形态。

1. 按人数、时间、地点划分部门,形成简单结构

这种划分方式是最简便和最传统的。它是按照工作的需要将相同任务的组织人员分成几个部门,不体现出专业化分工的思想。军队中常常按人数划分为营、连、排等。工业企业如炼钢厂、化肥厂等常按时间划分为早、中、晚三班制,交通、医院也经常按时间划分的方法采用轮班制。活动需在不同区域进行的组织往往采用按地点划分的方式,如警卫和清洁工作往往划分为片警、街区清洁队。

2. 按设备、工艺阶段或工作技能划分部门,形成职能结构

这是将工作方法(即如何做事)作为划分部门的依据。医院按设备划分法分

为放射科、心电图室、脑电图室等。按工艺阶段划分部门是很多制造业企业或连续生产型企业常用的方法,以便进行专门的作业,如机械厂的铸锻、金加工和装配车间,钢铁厂的炼铁、炼钢和轧钢等。按工作技能划分是组织部门化常采用的一种方法,它是按业务开展所需的专门知识、技巧和能力划分部门的,如企业的原料采购、设备维修、产品销售、市场营销、人事管理和财务会计等。这类部门化方式遵循分工和专业化原则.有利于充分发挥专业化优势,提高人员的使用效率,有利于主管人员对组织的基本活动进行严格控制。但是这种划分方式也存在缺点:它容易导致各部门形成本位主义,给各部门之间的横向协调带来困难;同时主管人员的注意力集中在组织的基本任务上,缺乏对组织生存发展等重大问题的思考。

》》 3. 按产品、区域、顾客或营销渠道划分部门,形成事业部结构

这是基于工作结果(即所做的事及服务的对象)进行部门化。

产品划分部门是根据产品系列来组织活动,例如通用汽车公司划分为别克事业部、雪佛兰事业部、通用轿车及货车事业部等。这种划分方式有利于充分发挥个人的技术和专长,有利于产品与服务的发展;能充分利用专项设备和资本;有利于部门之间的协调。各产品部门的独立性较强而整体性较差,给高层管理者的协调带来了困难。

区域划分部门就是将某一区域内的业务活动集中起来形成区域性部门,如美国电话电报公司和麦当劳公司将自身业务划分为几大地理区域。这种划分方式将责任下放到基层,有利于调动各区域的积极性;便于与当地的供应商和用户联系,能结合当地的社会文化特点来组织相应的生产经营活动,取得地区经营的经济效益。其缺点是增加了最高主管部门对区域的控制难度,机构设置重复增加了管理成本,且地区间的协调不易。

按顾客划分部门就是将某类顾客相关的各种活动集中在一起,例如银行有大客户部、零售部等,大学有研究生部、本科生部、函授部等。这种划分方式最大的优点是能根据不同类顾客的需要设置专门化的服务,从而增加顾客的满意度和忠诚度。其缺点主要是各部门之间的协调较为困难。按营销渠道划分部门与按顾客划分部门相似,但这种划分方式更侧重于将产品分销至中间商。如美国普莱克斯公司按营销渠道设立了超级市场事业部和杂货店事业部,促进了经营业务的发展。

组织的部门化就是划分各层人的业务部门,为保证组织目标的实现而对业务工作进行安排的一种手段。每个组织会根据自己的实际条件,选择能取得最佳效果的划分方式。在实际运用中,就某一特定组织来讲一般不按纯粹的某一种方式来进行划分,即采用两种或两种以上的划分方法。例如,一所大学按领域划分为系、所;按职能划分为教务处、人事处、后勤处、财务处等;按服务对象分为本科生院、研究生院、函授学院等。这种混合划分的方式能更有效地实现组织的目标。

四、管理幅度与管理层次划分

(一)管理幅度

管理幅度亦称管理跨度,指一名领导者直接领导的下级人员的人数。从形式上看,管理幅度仅仅表示了一名领导人直接领导的下级人员的人数,但由于这些下级人员都承担着某个部门或某个方面的业务,所以,管理幅度的大小,实际上意味着上级领导人直接控制和协调的业务活动量的多少。

(二)管理层次

管理层次亦称组织层次,它是描述企业纵向结构特征的一个概念。如果从构成企业纵向结构的各级组织来定义,管理层次是指从企业最高一级组织到最低一级组织的各个组织等级。每一个组织等级即为一个管理层次。如果从构成企业纵向结构的各级领导职务的各个职务等级来看,企业有多少个领导职务等级,就有多少级管理层次。

由于企业各级组织的领导职务,往往既有全面负责本部门工作的主管人员,即正职,又有协助主管人员工作的领导干部,即副职,所以,按领导职务划分的管理层次,一般要比按组织划分的层次多一些。为了从概念上较为清楚地反映这种差别,避免因划分标志不同而产生的矛盾,我们也可以把按组织定义的管理层次形象地称为大层次,或者叫组织层人;而把按领导职务等级来定义的管理层次称为小层次,或者叫职务层级。

(三)二者关系

管理层次和管理幅度是决定组织结构的两个重要参数,而且,管理层次与管理幅度是密切相关的。

(1)一个组织的管理层次的多少,受到组织规模和管理幅度的影响。在管理幅度给定的条件下,管理层次与组织的规模大小成正比,组织规模越大,包括的成员数越多,其所需的管理层次就越多。

(2)在组织规模给定的条件下,管理层次与管理幅度成反比,每个主管所能直接控制的下属人数越多,所需的管理层次就越少。

（3）较宽的管理幅度有利于降低管理成本。

（四）管理幅度的影响因素

有效管理幅度的大小受到管理者本身的素质与被管理者的工作内容、能力、工作环境与工作条件等诸多因素的影响,每个组织都必须根据自身的特点,来确定适当的管理幅度、相应的管理层次。

▶▶ 1. 工作能力

主管的综合能力、理解能力、表达能力强,则可以迅速地把握问题的关键,对下属的请示提出恰当的指导建议,并使下属明确地理解,从而可以缩短与每一位下属接触所占用的时间。同样,如果下属具备符合要求的能力,受到良好的系统培训,则可以在很多问题上根据自己的符合组织要求的主见去解决,从而可以减少向上司请示、占用上司时间的频率。在这样的情况下,管理的幅度可适当放宽。

▶▶ 2. 工作内容和性质

（1）主管所处的管理层次

主管的工作在于决策和用人,处在管理系统中的不同层次,决策与用人的比重各不相同。决策的工作量越大,主管用于指导、协调下属的时间就越少。所以,越接近组织的高层,主管人员的决策职能越重要,其管理幅度较中层和基层管理人员就越小。

（2）下属工作的相似性

下属从事的工作内容和性质相近,则对每人工作的指导和建议也大体相同。这种情况下,同一主管指挥和监督较多的下属是不会有什么问题和困难的。

（3）计划与控制的明确性及其难易程度

下属的任务多数是由计划规定并依据它来实施的。因此,如果计划制订得详细具体、切实可行,下级人员就容易了解自己的具体目标和工作任务,就可以通过计划来指导业务活动,而不必事事请示领导。否则,上级的指导就将是大量的、不可缺少的。另外,计划的实施离不开控制,需要上级对下级的实际执行情况进行检查。如果用以衡量工作绩效的标准是具体的、定量化的,偏离计划的情况就容易显示出来,既便于上级及时采取措施加以纠正,也便于下级自我调节;反之,工作绩效标准不明确、不具体,领导者就要为计划的实施付出更多的精力。所有这些,都会影响到管理幅度的大小。

(4)非管理性事务的多少

主管作为组织不同层次的代表,往往需要花费相当的时间去从事一些非管理性事务。处理这些事务所需的时间越多,对管理幅度的扩大就会产生越多的消极影响。

》3. 工作条件

(1)助手的配备情况

助手可以协助甚至代替领导者做一些工作,因而,给领导者配备的助手越多、助手越得力,领导者本人的工作量就越小,其管理幅度就可以越大。

(2)信息手段的配备情况

掌握信息是进行管理的前提。利用先进的技术去收集、处理、传输信息,不仅以可帮助领导者更快、更全面地了解下属的工作情况,及时提出建议,而且可使下属更多地了解与自己工作有关的信息,从而更好地自主处理自己分内的事务。这就有利于扩大管理者的管理幅度。

(3)下级人员工作地点的相近性

下属工作岗位在地理上的分散,会增加下属与领导以及下属与下属之间的沟通困难,加大管理的难度,从而影响管理幅度。

》4. 组织环境

组织环境是否稳定,会在很大程度上影响组织活动内容以及政策的调整频率与幅度。环境变化越快、变化程度越大,组织中遇到的新问题就越多,下属向上级的请示就越经常、越有必要;而此时上级能用于指导下属工作的时间和精力却越少,因为他必须花更多的时间去关注环境的变化,考虑应变的措施。因此,环境越不稳定,管理幅度就越受限制。

第三节　组织结构的类别

一、组织结构的两种基本形态

(一)机械式组织与有机式组织

按照组织结构设计的原则是偏重于稳定运行中的效率还是灵活适应性,组织结构可以划分为机械式组织和有机式组织。

>> 1.机械式组织

机械式组织也称为官僚行政组织,是综合使用传统设计原则的自然产物。它是一种高度复杂化、正规化和集权化的组织,组织的结构特征趋向刚性。机械式组织坚持统一指挥的原则,每个下级只接受一个上级的控制和监督。组织要保持管理幅度,而且随着组织层次的提高会缩小管理幅度,就形成一种高耸的、非人格化的机构。当组织的高层与基层的距离日益扩大时,无法对低层次的活动进行直接监督和控制,因此需要增加规则条例,从而确保标准作业行为能得到贯彻。机械式组织对任务进行高度的劳动分工和职能分工,以客观的不受个人情感影响的方式挑选符合职位规范要求的合格的任职人员,并对分工以后的专业化工作进行集权严密的层次控制,同时制定出程序、规则和标准。机械式组织适用于符合以下条件的组织:组织面临的外部环境简单、稳定;任务明确且可以持久;企业有相对统一而稳定的技术;按常规活动且以效率为主要目标;企业规模相对较大。

>> 2.有机式组织

有机式组织也称适应性组织或弹性组织,是低复杂化、低正规化、分权化的组织。它不具有标准化的工作和规则,所以是一种松散的机构。员工多是职业化的,具有熟练的工作技巧,经过训练自己能处理各种各样的问题。他们所受的教育已经使他们将职业行为的标准作为习惯,不需要太多规则来加以监督。有机式组织保持低程度的集权,这样能使职业人员根据需要迅速做出调整。有机式组织是一种松散、灵活的具有高度适应性的形式。有机式组织适用于符合以下条件的组织:组织所面临的环境相对不稳定和不确定,企业必须充分对外开放;组织的任务多样化且不断变化,使用探索式决策过程;组织对技术创新性和复杂度要求较高;组织有许多非常规活动,且需要较强的创造和革新能力。

严格意义上的机械式组织和有机式组织在现实中并不存在,一般情况下企业处于这两种组织形式的中间形态。我们通常所指的机械式组织或有机式组织,是指该组织刚性成分或弹性成分相对多一点。

(二)高层型组织与扁平型组织

按照组织管理幅度的大小及管理层次的多少,可以将组织结构划分为高层型组织和扁平型组织两种形态。

▶▶ 1.高层型组织

高层型组织管理幅度较小,最高管理层与基层就存在较多管理层次。这种类型的组织有利于领导者控制和监督,具有管理严谨、职责分明、上下级易于协调的特点。但管理层次的增多也具有较多的缺点:一是,管理层次较多,需要花费的设备开支就会增加,上下级联系需要花费更多的联系费用和时间。二是,管理层次增加会造成信息传递受阻,最高层管理者做决策时需要的信息一般是通过逐级通报获取,信息在多层传达的过程中很容易会失真。这样不利于高层管理者做出准确决策,容易降低组织效率。三是,由于管理人员和部门较多,涉及协调的工作增加,管理人员之间的协调难度会加大。

▶▶ 2.扁平型组织

扁平型组织管理幅度较大,管理层次较少。进入 20 世纪 80 年代以后,组织越来越偏向于扁平型组织。扁平型组织有利于上下级信息的沟通,上下级之间沟通紧密,减少了管理费用,同时增加了决策的质量;由于管理层次少,被管理人员赋予的职权和责任放大,这样可以调动下级的积极性、自主性和创造性。由于扁平型组织的管理幅度较大,增加上级的工作量,不利于处理对组织有重大影响的事务,从而对管理者的能力和水平提出了更高的要求;组织层次较少,往往对员工的素质提出更高的要求,同时会减少员工晋升的机会,因此扁平化组织应该注意人才流失的问题。

一般情况下,组织领导人若倾向于通过给员工赋予职权来调动员工积极性和创造性,通常会选择管理幅度大、管理层次少的扁平型组织结构;反之,如果企业领导者倾向于选择用严格的等级制度来管理,则会选择管理幅度小、管理层次大的高层型组织。当然,组织设计时应综合考虑组织规模的大小和领导者能力等各种影响因素,并结合组织所处的具体环境做决定。

二、典型的组织结构类型

(一)直线制组织结构

直线制组织结构是一种较简单的组织结构类型。所谓直线是指这种组织形式没有职能机构,职权直接从最高管理层"流向"组织的基层,实行直线领导。直线制的特点是：每个主管人员对直接下属有直接职权；每一个下属只有一个直接上级，每一个下属只向一个上级汇报工作；主管人员在自己的管辖范围内有绝对的职权。

这种组织结构类型的优点是：机构设置简单，职责与职权明确，信息沟通迅速，便于统一指挥；缺点是：结构过于简单，所有的管理职能都集中由一个人来承担，一旦企业规模较大，管理工作复杂，领导者就难以进行有效的管理。因此，该组织结构只适用于企业规模较小，职工人数不多，生产和管理工作简单的小型企业。

（二）职能制组织结构

职能制组织结构是按照职能划分部门的方式建立起来的。职能制的特点是：由上层领导人设立职能机构和人员，并把相应的管理职责和职权交给这些职能机构，各职能机构在自己的业务范围内有权向下级下达命令和指示。

这种组织结构类型的优点是：分工明确，便于充分发挥职能机构的专业管理作用，减轻了上层管理人员的负担，有利于他们集中注意力履行自己的职责。缺点是：由于各级负责人除了要听上级管理人员的指挥，还要听从职能部门的领导，这样的多头领导方式不利于统一指挥，不利于划分职能领导人和职能机构的职责和权限，易造成管理混乱；各职能机构不能很好配合，横向联系较差，不利于组织整体目标的实现，对环境变化的适应性较差。因此该组织结构适用于中小型组织，在实践中该组织结构并没有得到广泛的推广。

（三）直线职能制结构

直线职能制结构是综合了直线制和职能制两种类型的特点建立起来的一种组织结构形式。其特点是：这种组织结构中，直线部门拥有对下属的指挥权，可以对下级发布命令和指示；而职能部门无权下达命令和指示，只负责对直线部门提供建议和信息，对业务起指导作用。除非上级直线部门授予他们某种职能和职权。

这种组织结构类型的优点是：既保持了直线制集中统一指挥的优点，又具有职能制专业管理化的长处。这种结构能够集中领导，决策迅速；职责清晰，分工明确；容易维持秩序，易发挥组织的整体效率。缺点是：职能部门之间的横向联系差，职能部门之间目标不统一，容易发生矛盾或产生不协调；信息的传递路线长，信息反馈慢,整个系统对环境的适应性差。我国目前的大多数企业,以及政府、学校、医院等非营利组织常采用这种组织形式。

(四)事业部制组织结构

事业部制组织结构是斯隆在 20 世纪 20 年代初担任美国通用汽车公司副总经理时研究和设计出来的,故称为"斯隆模型"。事业部是指按产品或地区组成的一个组织单位。其特点是:企业按产品、地区分别成立不同的经营事业部,该产品或地区的全部业务由事业部负责,各事业部作为独立的利润中心,独立核算,自主经营;高层领导者作为最高的决策者,主要职责是研究和制订公司的总目标、总计划和各项政策,统一领导所管的事业部;该组织结构是集权与分权结合的体制,即在高层管理统一领导下的多个事业部分权管理其经营活动。

这种组织结构类型的优点是:有利于高层管理者摆脱繁重的日常事务,有精力从事重大的问题的决策,有利于提高公司管理的灵活性和适应性;同时充分发挥事业部的主动性和积极性,事业部之间的竞争有利于提高整个公司的经营效率;各事业部的分散经营方式有利于为企业培养高层管理人员。缺点是:每个事业部都有完备的职能部门,这样容易造成管理部门和人员重叠设置,管理费用较高;同时各事业部的协作较差,本位主义严重,缺乏资源共享,可能影响组织长期目标的实现。这种组织形式适用于规模较大,产品种类较多的组织,也适用于面临变化较快的市场环境且地理位置分散的大型企业。

(五)矩阵制组织结构

矩阵制组织结构是在组织结构上由横纵两套系统组成,形状如"矩阵"因此而得名。其特点是:既有按职能划分的纵向领导系统,又有按照项目划分的横向领导系统;横向领导系统成员不专门设置,而是由各职能部门抽调出的人员成立项目组,接受所在职能部门和项目组的双重领导;项目组临时成立,设立专门的负责人,项目结束后,该项目自动撤销。该组织结构的设置是对统一指挥原则有意的违背,组织成员既要执行项目组负责人的指挥,又要接受职能部门主管的领导。

这种组织结构类型的优点是:加强各职能部门之间的横向联系,有利于新产品、新技术的开发,有利于调动组织人员的积极性;各种具有专长的人员聚集在一起,有利于充分发挥技术人员的潜力,提高他们的创造能力;激动灵活,有较强的应变能力,能适应市场上激烈竞争的环境。缺点是:矩阵制组织结构形式是一种短期的组织结构,项目小组临时建立,完成任务回到原来所属部门,因此组织结构稳定性较差;组织成员要接受横纵两套系统的领导,会出现多头指挥现象;项目组经理和职能部门经理难免会发生矛盾,协调这种矛盾不仅需要良好的人际沟通能力,还要付出一定的组织成本。这种组织结构形式一般适用于以工程项目为主的企业,包括设计、科研、规划等创新性较强的工作。

以上介绍的几种典型的组织结构形式是现实企业中的组织形态所进行的理论抽象。而现实中真正完全按照上述组织机构形式建立的企业很少,大多数企业的建立是以上述组织结构为基础,结合面临的外部环境及自身的战略目标进行创新,建立有利于完成目标的适合自身企业的组织结构。

三、企业外部的中间性组织形态

组织结构的发展出现了几种典型的新型组织结构形式,这种组织形式超越了企业法律边界范围,形成企业与企业之间长期互相合作的中间性组织形态。下面介绍两种典型的企业外部的中间性组织形态,即网络型结构和控股型结构。

(一)网络型结构

网络型结构是一种虚拟组织,利用现代信息技术手段而建立和发展的一种新型组织结构。它的特点是:只保留很精干的中心结构,以契约关系的建立和维持为基础,将制造、销售或其他重要的业务经营活动通过外协的方式,交给外部结构来完成。被联结在这一结构中的两个或两个以上的单位之间并没有正式的资本所有权关系和行政隶属关系,只是通过相对松散的契约纽带,透过一种互惠互利、相互协作、相互信任和支持的机制进行密切的合作。采用网络型组织结构的优点是:由于组织中大部分的职能都是通过外协的方式完成,因此具有较高的灵活性,能够根据市场需求迅速做出反应,整合各项资源;组织结构扁平化,管理层次少,一般采用电子商务协调处理各项活动,因而组织效率高。其缺点是:网络型组织是靠与独立的供应商密切合作的,难以对整个制造活动进行严密的控制,在产品质量上存在风险;网络型组织难以对其产品创新性进行保密,一旦产品交于其他企业生产,组织取得的设计创新容易被窃取。著名的耐克公司、卡西欧公司是典型的网络型企业,IBM 公司、美国电话电报公司、美孚石油公司也部分采用了网络结构。一般来说,它比较适合一些玩具和服装制造业,因为这两个行业都需要很高的灵活性和及时做出反应。

（二）控股型结构

控股型结构是在非相关领域开展多种经营的企业所常用的一种组织结构形式。由于在非相关领域开展经营，因此大公司对各业务经营单位不进行直接管理和控制，而是在资本参与的基础上持股控制。持股比例大于50％为绝对控股；持股比例不足50％但对企业经营决策产生实质性影响的为相对控股，持股比例低且对另一个企业生产经营没有实质性影响的为一般参股。基于这种持股关系，形成以母公司为中心，子公司和关联公司围绕该核心的企业集团。其中被母公司控制和影响的绝对和相对控股的企业为子公司，是集团紧密层。一般参股企业为关联公司，是集团半紧密层。通过长期契约和业务协作关系连接的协作企业为松散层。

母公司与它所持股的企业单位之间不是上下级之间的行政管理关系，而是出资人对被持股企业的产权管理关系。母公司作为大股东，对持股单位进行产权管理控制的主要手段是：母公司凭借持股权向子公司派遣产权代表和董事、监事，通过在股东会、董事会、监事会中发挥积极作用来影响子公司经营决策。

这种组织结构的优点是总公司对子公司具有有限的责任，风险得到控制；同时能大大增加企业之间联合和参与竞争的实力。其缺点是：公司的战略协调、控制、监督困难，资源配置也较难，且各公司之间缺乏协调。

第四节　组织力量的整合

为了使组织内所有成员能和谐一致地为实现组织的目标做出贡献，需要整合组织内的各种力量，处理好组织不同成员之间的关系，使分散在不同层次、不同部门、不同岗位的组织成员能够朝同一方向、同一目标努力。

一、直线与参谋

组织内的管理人员通常以直线主管和参谋两类不同的身份来开展管理工作。充分发挥好直线和参谋两种职能的作用，能有效促进组织活动的开展和组织目标的实现。相反，如果不能处理好二者之间的矛盾，可能会破坏整个组织的运作机制。

（一）直线与参谋的概念

直线和参谋的概念既可以泛指部门的设置，也可以专指职权关系。

　　从部门的设置来看,直线部门可以对组织目标的实现直接作出贡献,如制造业企业中的生产部门、销售部门即为直线部门。参谋部门一般能发挥某些专业管理的职能,如采购、会计、人事、设备维修和质量管理等都为参谋部门。

　　从职权关系来看,直线职权是组织等级链中正式的上下隶属关系。例如,军队中的营长、连长、排长,企业生产系统中的总经理、车间主任、工段长、从上级到下级构成严格的指挥链关系。无论在什么类型的组织中,只要有上下级关系,就有直线职权发生。

　　管理者在组织和协调各种活动时往往需要一些助手,利用其专业优势来协助其工作,这样就产生了参谋人员。参谋机构的职权一般分为以下几种:①建议权,即参谋人员仅限于提供建议和协助,其建议有可能被采纳,也可能被置之不理。②强制协商权,指主管人员在做决定之前必须首先询问参谋人员的意见,但最终的决定权属于直线主管人员。③共同决定权,指主管人员在做决定前需认真听取参谋人员的意见,采取行动时也需要得到参谋人员的同意或认可。④职能职权,是指参谋人员有权对有关人员直接下达指示,这种指示也可能被直线主管人员撤回,但在这之前,相关人员必须绝对执行。

　　区分直线与参谋的一个重要标准是看管理部门或管理人员在组织目标中实现的作用,对组织目标的实现负有直线责任的部门为直线机构;为实现组织的目标协助直线机构有效工作而设置的部门为参谋机构。

(二)直线与参谋的矛盾与处理

　　在实践中,由于直线人员和参谋人员之间的职责所在,往往会发生矛盾和冲突,影响组织的效率。直线和参谋之间的矛盾主要表现在以下几个方面:①职权威胁。直线人员往往把参谋人员的工作看成是对自身职权的威胁,因此常常不愿采用参谋人员的建议,对于参谋人员对自己工作上的指责更表示不满。②推卸责任。参谋人员的建议实行后,若取得了预期的效果,往往很有成就感;相反,一旦自己的建议实施后遇到了困难,直线人员和参谋人员就会互相推卸责任,认为是对方曲解了自己的观点,使执行出现问题。③多头领导。由于权责不明确,组织容易存在多头领导的现象。参谋人员会对下级直接发号施令,导致其双重领导。④观念不同。参谋人员一般受过更高等水平的正规教育,做决策时往往过于理想主义,缺乏经验。直线管理人员做决策可能过于经验主义,这样就容易导致参谋人员和直线人员之间的协作冲突产生。

　　直线与参谋之间的矛盾和冲突如果处理不好,会影响整个组织的效率。正确处理直线和参谋的矛盾应注意以下几个方面：①明确直线与参谋的职权范围，认识双方的存在价值，形成互相尊重、相互配合的关系。②建立正常的沟通机制与渠道，使参谋人员与直线人员经常保持沟通与接触，对于解决问题的方法及时交换意见。③授予参谋机构必要的职权，参谋机构若只有建议权，通常在开展工作时其建议不能有效执行。若管理活动很复杂，需要依靠参谋人员的专业知识和技能来开展工作，此时为了提高管理的效率，上级管理者应该授予特定权力给参谋部门或人员。

二、集权与分权

职权是组织设计中赋予特定职位的一种制度权力，具体来说就是某一职位所固有的做出决策、采取行动和希望决策得到他人执行而发布命令的一种合理合法的权力。组织内各部门的职权范围反映了整个组织的集权或分权的程度。组织应正确处理好集权与分权的程度，使权力发挥最大的整体协调效应。

(一)集权与分权的概念

集权是指决策权主要集中在较高管理层次的职位中，下级主要依据上级的决定和指示行事。分权主要指决策权分散到较低管理层次的职位上，使其在自己的管辖范围内，自主做出决策。集权与分权是相对而言的，不存在绝对的集权和绝对的分权。绝对的集权指所有的决策权都集中在最高管理层，下级的决策只有通过上级审批才能实行，意味着没有其他管理层次，这样做加重了高层管理者的负担。绝对的分权指最高管理层把所有的权力都委托给基层管理人员，这样就不存在作为上级的主管人员。为使组织有效地运转，应该把握好集权与分权之间的平衡，根据组织的具体情况确定集权和分权的程度。

(二)集权或分权程度的标志

一般来说，判断组织集权与分权的程度主要从以下四个方面来衡量。

》》1.决策的数量

组织中低层管理者可自主决定的事项越多，表明分权的程度越高。

》》2.决策的重要性

低层管理者所做的决策越重要，涉及费用越多，则分权程度越高。

3.决策的范围

组织中较低层管理者做出的决策范围越广,参与决策制定过程的环节越多,则分权程度越高。例如,如果一个部门参与了决策信息的收集,备选方案的拟定,选择方案,执行方案以及执行过程中的监督等所有步骤,那么决策权相对集中。

4.决策的审核

下级做出决策时需要向上级汇报,只有在上级领导审批的情况下,才能实施,则分权程度较低;如果组织内部不需要审批决策,则分权的程度较高。此外,下级做出决策时需要请示的上级越少,则分权程度越高。

(三)影响集权与分权程度的主要因素

集权与分权的程度是依据组织具体情况的变化而变化的,要根据组织的具体情况,把握好集权与分权的"度"。具体来说,影响集权与分权程度应考虑以下因素。

1.组织的规模

组织的规模越大,业务活动越多,所需做出的决策数目越多,宜分权;组织的规模越小,组织的高层领导者有能力处理好各项事务,集权管理的效率较高,宜采用集权管理。

2.主管人员的数量和水平

主管人员的数量充足,且素质较高,管理能力较强时,宜采用集权管理;反之,宜采用分权管理。

3.组织的外部环境

影响集权与分权程度的还有外部因素,包括经济、政治因素等。一般来说外部因素越动态复杂时,宜采用分权管理;若外部环境相对简单且变化不大,可采用集权管理。

4.政策的一致性

组织的内部政策统一时,应采用集权管理;如果组织的业务活动多,且性质不同,无法执行统一的政策,应采用分权管理。

>> 5.组织的历史

如果组织由原来若干的单位联合或合并而成,宜实行分权管理;若组织由一个单位由小到大扩展而来,宜实行集权管理。

>> 6.组织的工作性质

若组织正处于快速发展中,所面临的工作变化性较大,分权程度大有利于管理部门灵活地处理问题;当工作性质变化小且有规则时,宜采用集权管理。

关于一个组织采取集权好还是采取分权好,并没有定论。集权的主要好处是能从组织全局出发处理问题,有利于提高决策的执行效率,确保组织决策和行动的一致性,同时有利于加强控制。但过于集权可能会降低决策的质量,降低组织的应变能力,毕竟高层决策者一般不能充分了解经营和管理环境的变化。而分权程度过高虽然克服了集权的弊端,但也增加了组织间的协调难度,甚至会造成整个组织失去了整体的控制力。因此集权和分权的程度应该有多高,需要企业根据具体情况来确定。现代组织中,由于组织规模的扩大、组织活动的分散化和跨地域化、外部环境的变化快而复杂,员工素质的逐步提高和培养后备管理队伍的需要,更强调分权化管理。

三、授权

(一)授权的含义和过程

授权是管理者将其权力的一部分授予下属,使下属在一定的监督下,拥有相当的自主权。授权可以减轻高层管理人员的负担,使其集中精力处理对公司发展具有重大影响的问题和工作;同时发挥下属的专长,提高他们的工作热情,增强下属的责任心,提高工作效率。合理授权对于管理者实现组织的目标十分重要。在这里补充一下组织授权与组织分权的区别。组织授权是领导者授予下属处理和解决问题的权力,并且领导者需对最终的结果负责,即授权并不意味着授责。而分权是组织设计时,考虑到组织的实际情况,将权力留在中下级主管人员手中,权力和责任同时转移。

授权的基本过程包括以下四个方面:任务的分派、权力的授予、责任的确立和监控权的确认。授权人应正确选择被授权者,授权的过程能保证被授权者有职、有权、有责、有利,同时应加强对被授权人的工作情况的监督检查,必要时可以将授出的职权收回。

(二)授权的原则

主管人员应敢于且善于授权,在授权中应坚持下列原则。

▶▶ 1.明确目标

依据预期要取得的结果,规定任务和授权。即为了能完成目标指定的任务,授予充分的职权。

▶▶ 2.选择合适的授权对象

虽然一个高明的组织者主要是从所要完成的任务着眼来考虑授权,但在最后的分析中,人员配备作为授权整个系统的一部分,是不能被忽视的。授权时应列举出完成该任务的员工应具备的条件,选择可以胜任的候选人。

▶▶ 3.保持交流渠道的开放畅通

由于上级不会授予全部的权力或者放弃职责,因此不存在管理的独立性,授权不应该造成断绝联系。即上下级之间的信息应自由流通,使下级获得用以决策和适当说明所授权限的信息。

▶▶ 4.建立适当的控制

授权者应该对下级活动进行控制,保证下级履行职责并能正确使用权力。明确职责,相互依赖,信息沟通灵敏,建立下级自我控制机制,是实行控制的必要条件。

▶▶ 5.对有效的授权和成功的授权给予奖励

管理人员应当始终注意奖励有效授权和有效授权的办法。虽然多数奖励是奖金,但是授予更大的自由处置权,提高他们的威信,无论是在原职位还是提升到更高的职位上,往往有更大的激励作用。

第五节 组 织 变 革

组织变革是组织为适应外部环境条件变化的,以改善和提高组织效能为根本目的的一项管理活动。任何组织都必须随着环境变化不断地调整自我才能不断生存与发展。组织不仅要适时进行变革,还要有计划、有步骤地进行,包括研究组织变革原因、内容、阻力等一般规律,使组织变革更加高效科学。

一、组织变革的原因

(一)外部环境因素

任何组织都是一个开放的系统,企业外部环境发生变化,必将要求企业组织结构能做出适应性调整,引起组织变革的外部环境因素可以归纳如下。

》》1. 社会经济环境的变化

社会经济环境的变化,主要指投资、贸易、税收、产业政策与企业政策的变化等,组织必须能对动态性的经济环境做出灵敏反应才能抓住机遇,避免风险。这种反应可能导致组织结构的深层次的变革,也可能使新的组织目标产生。

》》2. 科技进步的影响

知识经济的社会,科技的发展日新月异,新产品、新工艺、新技术、新方法层出不穷,对组织固有的运行机制构成了强有力的挑战。技术水平不仅影响组织活动的效果和效率,而且对组织结构的形式产生一定程度的影响。信息技术的发展,加强了组织内外部信息共享和交流,组织结构越来越扁平化,对组织影响重大的问题的决策趋向于集权化而次要的问题则趋向于分权化。

》》3. 资源变化的影响

组织的生存发展离不开对环境资源的依赖。组织管理者应加强变革管理,充分考虑到变革对组织金融资产、无形资产、组织技能等资源的影响。

》》4. 竞争观念的改变

经济全球化使得市场竞争日益激烈,竞争方式也会多种多样,这些都会影响和促使组织变革。组织应该在竞争观念上顺势调整,争得主动,才能在竞争中处于不败之地。

(二)内部环境因素

组织的内部环境和外部环境不适应时.需要对组织变革做相应的调整。具体来说,当组织成员的工作态度、工作期望、个人价值观念等方面发生的变化与组织目标、组织结构不适应时,会引起组织进行深层次的调整和变革。

▶▶ 1.决策失灵

如果组织决策过程过于缓慢,常常错过良机,或者做出的决策缺乏远见,往往导致不良的结果时,需要对组织进行变革。为了提高决策效率,组织需要对决策过程中的各个环节进行梳理,以保证决策的有效和迅速执行。

▶▶ 2.保障信息畅通

当组织内正式的沟通渠道出现不畅通,慢或者容易做出错误决策。组织决策对信息沟通的依赖性很强,信息沟通渠道的畅通。

▶▶ 3.机能失效

组织的主要制度不能有效运转或效率低下,充分发挥出来。矛盾主要表现在组织内部不协调、部门之间职责不清、组织战略改变而结构未变、组织未及时给员工提供培训以适应技术的发展等。

▶▶ 4.企业缺乏创新

组织墨守成规,因循守旧,抵制采用新观念、新制度、新方法,压制创新,不容忍失败,会阻碍组织的前进和发展。

二、组织变革的内容和过程

(一)组织变革的内容

▶▶ 1.组织结构的变革

组织结构的变革指组织总体设计或组织结构的基本组成部分的改变。变革者可以对组织设计中的一个或多个关键因素进行变革,包括分权程度的改变、管理幅度的改变、协作方式的改变等。例如,可以将几个部门的职责进行合并,精简管理层次,减少官僚机构的产生。组织的总体设计进行重大变革包括解决集权与分权程度的调整、组织结构的改变等。例如,组织结构从直线制转化为直线职能制,变革者可能需要考虑重新设计职务,修订职务说明书,丰富职务内容,改革组织的报酬制度等。

▶▶ 2. 技术方面的改革

很多有关管理的早期研究都侧重于技术发展。例如,著名的泰勒制、福特制的人机工程、科学管理原理等都是着眼于技术变革的基础上。现代社会科学技术发展迅速,组织只有对环境迅速做出反应,才能提高自己的竞争能力。今天,许多技术变革直接涉及新设备、新技术和新工艺的引进,包括日益普及的管理信息系统。

▶▶ 3. 人事方面的变革

组织发展中人是最主要的因素,人既可能是推动变革的力量也可能是阻碍变革的力量。人事方面的变革主要是以人力资源为中心的改革,它涉及组织人员的态度、观念、个人行为、群体行为、参与管理的组织气氛等,同时涉及报酬制度的改变、绩效评价制度的改变,目的是通过人力资源管理职能的改善而改变整个组织的功能。

▶▶ 4. 文化方面的变革

组织文化是指组织在本民族文化、外民族文化和现代意识影响下,由历届领导者倡导、培训和灌输,在组织的长期的历史发展过程中形成的,成员共同遵守的思想、作风、价值观念和行为准则,是具有组织个性的信念和行为方式。组织文化具有相对稳定性,一旦形成为组织成员的自觉的思想和行为方式,就不容易改变。如果随着环境的变化,某种特定文化对组织不适宜,成为组织发展的障碍时必须对组织进行变革。所以组织变革往往需要较长的时间,而且是循序渐进的。

(二)组织变革的过程

有效的组织变革过程需要经历解冻、变革、冻结三个有机联系的阶段。

▶▶ 1. 解冻阶段

由于任何一项组织变革都会面临来自组织自身及其成员的一定程度的抵制力,所以变革必须得打破原有的均衡,打破人们的习惯和传统。解冻阶段的主要任务是发现组织变革的动力,营造危机感,并在采取措施克服变革阻力的同时,具体描绘组织变革的蓝图,明确组织变革的目标和方向,以形成待实施的比较完善的组织变革方案。

▶▶ 2. 变革阶段

改革或变动阶段的任务就是按照所拟定变革方案的要求,开展具体的组织变革运动或行动,以使组织从现有结构模式向目标模式转变。这是变革的实质性阶段。

这个阶段是以行动为特征的,即将新的观念、行为和制度模式在组织内推行,这种实施很可能是强制性的。其实施过程应该包括这样几个方面:①判定组织成员对新方式的赞成或反对情况,不同情况力量大小。②分析哪些力量可以变化,在什么程度能改变,哪些力量必须要改变。③制定变革的策略,决定通过什么方式、在什么时间实施变革。④评估变革的结果,总结经验教训。

▶▶ 3. 冻结阶段

冻结是指在实施变革之后维持与巩固新的观念、行为和制度模式,使已经实现的变革稳定化,成为组织系统中一个较为固定的部分。

如果不执行这一步,个人和组织会有一种退回到原来习惯了的行为方式的倾向。为了避免出现这种情况,变革的管理者就必须采取措施保证新的行为方式和组织形态能够不断地得到强化和巩固,这一强化和巩固的阶段可以视为一个冻结或者重新冻结的过程。

三、组织变革的动力和阻力

随着信息技术的发展,越来越多的组织需要面临着复杂、动态的环境。如果说以前的管理特点是长期的稳定伴随着偶尔的短期的变革,今天的情形正好相反,往往是长期的变革伴随着短期的稳定。管理者必须比以往时候更加关注变革和变革管理,帮助员工更好地理解不断变革中的工作环境,并采取措施激发变革的动力,克服变革的阻力,使组织在变革中求得繁荣和发展。

组织变革时常面临着动力和阻力两种力量的较量。对待组织变革所表现出来的推动和阻碍这两种不同的态度,以及由此产生的方向相反的作用力量及其强弱程度的对比,会从根本上决定了组织变革的进程、代价,甚至影响到组织变革的成功和失败。

(一)组织变革的动力

组织变革的动力,指发动、赞成和支持变革并努力实施变革的驱动力。总的来说,组织变革的动力来源于人们对变革的必要性及变革所能带来好处的认识。组织变革的动因可以从外部和内部两个方面来分析。

▶▶ 1.组织变革的外在动因

(1)国家政治形势及政治制度的变化。

(2)国际外交形势及本国外交政策的变化。

(3)国内外经济形势的变化。

(4)国家有关法律、法规的颁布与修订。

(5)国家宏观经济调控手段的改变。

(6)国家产业政策的调整与产业结构的优化升级。

(7)科学技术的迅猛发展。

▶▶ 2.组织变革的内在动因

(1)组织运行政策与目标的改变。

(2)组织规模的扩张与业务的迅猛发展。

(3)组织内部运行机制的优化。

(4)管理技术条件的改变。

(5)管理人员的调整与管理水平的提高。

(6)组织成员的价值观念和工作期望的变化。

以上所有动因都会影响到组织目标、结构及权力系统等的调整和修正,从而引起组织的变革,而且有些变革是全面而深刻的。

(二)组织变革阻力的主要来源

组织变革的阻力,是指人们反对变革、阻挠变革甚至对抗变革的制约力。这种制约组织变革的力量来源于个体、群体,也可能来自组织本身甚至外部环境。成功的组织变革管理者,应该既注意到所面临的变革阻力可能会对变革成败和进程产生的消极的、不利的影响,为此要采取措施减弱和转化这种阻力;同时变革管理者还应当看到,人们对待某项变革的阻力并不完全是破坏性的,而是可以在妥善的管理或处理下转化为积极的、建设性的。如阻力的存在至少能引起变革管理者对所拟定变革方案和思路予以更理智、更全面的思考,并在必要时做出修正,以使组织变革方案不断完善和优化,从而取得更好的组织变革效果。

1. 个体和群体方面的阻力

个体对待组织变革方面的阻力,主要是其固有的工作和行为习惯难以改变、就业安全需要、经济收入变化、对未知状态的恐惧,以及对变革的认知存有偏差等引起的。群体对变革的阻力,可能来自于群体规范的束缚,群体中原有的人际关系可能因变革而受到改变和破坏,群体领导任务与组织变革发动者之间的恩怨、摩擦和利害冲突,以及组织利益相关群体对变革可能不符合组织或该团体自身的最佳利益的顾虑等。

2. 组织的阻力

对任何组织系统来说,其内部各部门之间、系统与外部之间都存在着强弱不等的相互依赖和相互牵制的关系,这种联系是组织作为系统所固有的特征。现行的组织结构的束缚、组织运行的惯性、变革对现有责权利关系及资源分配格局所造成的破坏和威胁,以及追求稳定、安逸和确定性,甚于革新和变化的保守型组织文化等,都可能影响和制约组织变革的因素。

3. 环境的阻力

组织的外部环境条件往往是形成组织变革力量的一个不可忽视的来源,也是形成组织变革阻力的来源。例如,与有充分竞争的产品市场会推动组织变革相对比,缺乏竞争性的产品市场往往会造成组织成员的安逸心态,阻碍组织变革的进程;对经理人员经营企业的业绩的考评重视不足或者考评方式不正确,会导致组织变革压力和驱动力的弱化;全社会对变革发动者、推进者的期待和支持态度及相关舆论和行动,以及企业特定组织文化在形成和发展中所根植的整个社会或民族的文化特征,都是重要的影响企业组织变革成败的力量。

（三）组织变革阻力的管理对策

管理者必须对来自其他管理者、一般员工或顾客的阻力做出很好的预期，必须正视因此可能出现的冲突、威胁和员工所感受到的潜在利益的损失。组织变革管理者的任务就是要采取措施改变动力和阻力这两种力量的对比，促进变革更顺利地进行。总的来说，改变变革力量及其对比的策略有三类：一是增强或增加驱动力；二是减少或削弱阻力；三是同时增强动力与减少阻力。实践表明，在不消除阻力的情况下增强驱动力，可能加剧组织中的紧张状态，从而无形中增强对变革的阻力；在增加驱动力的同时采取措施消除阻力，更有利于加快变革的进程。

第五章　人力资源管理基础

第一节　人力资源规划

一、人力资源规划概述

(一)人力资源规划的概念

人力资源规划(human resource plan,HRP)也叫人力资源计划,是指根据企业的发展规划和发展战略,通过对企业未来的人力资源的需要和供给状况的分析及估计,对人力资源的获取、配置、使用、保护等各个环节进行职能性策划,以确保组织在需要的时间和需要的岗位上,获得各种必需的人力资源的规划。

(二)人力资源规划的作用

➤➤ 1. 有利于组织制定战略目标和发展规划

人力资源规划是组织发展战略的重要组成部分,同时也是实现组织战略目标的重要保证。

➤➤ 2. 确保组织生存发展过程中对人力资源的需求

人力资源部门必须分析组织人力资源的需求和供给之间的差距,制定各种规划来满足对人力资源的需求。

➤➤ 3. 有利于人力资源管理活动的有序化

人力资源规划是企业人力资源管理的基础,它由总体规划和各种业务计划构成,为管理活动(如确定人员的需求量、供给量、调整职务和任务、培训等)提供可靠的信息和依据,进而保证管理活动的有序化。

➤➤ 4. 有利于调动员工的积极性和创造性

人力资源管理要求在实现组织目标的同时,也要满足员工的个人需要(包括物质需要和精神需要),这样才能激发员工持久的积极性,只有在人力资源规划的条件下,员工对自己可满足的东西和满足的水平才是可知的。

>> 5.有利于控制人力资源成本

人力资源规划有助于检查和测算出人力资源规划方案的实施成本及其带来的效益。要通过人力资源规划预测组织人员的变化,调整组织的人员结构,把人工成本控制在合理的水平上,这是组织持续发展不可缺少的环节。

(三)人力资源规划的内容

>> 1.战略规划

根据企业总体发展战略的目标,对企业人力资源开发和利用的方针,政策和策略的规定,是各种人力资源具体计划的核心,是事关全局的关键性计划。

>> 2.组织规划

对企业整体框架的设计,主要包括组织信息的采集,处理和应用,组织结构图的绘制,组织调查,诊断和评价,组织设计与调整,以及组织机构的设置等。

>> 3.制度规划

是人力资源总规划目标实现的重要保证,包括人力资源管理制度体系建设的程序,制度化管理等内容。

>> 4.人员规划

是对企业人员总量、构成、流动的整体规划,包括人力资源现状分析,企业定员,人员需求和供给预测和人员供需平衡等。

>> 5.费用规划

是对企业人工成本,人力资源管理费用的整体规划,包括人力资源费用的预算、核算、结算,以及人力资源费用控制。

二、人力资源供需预测

人力资源规划的任务是预测未来某个时期组织对人力资源的需要。人力资源规划的预测包括人力资源供应预测和人力资源需求预测,二者的差额就是组织对人力资源的需要。因此,了解组织人力资源的需要,就要做好人力资源供应和需求的预测。

(一)人力资源规划供给预测

人力资源供给预测是人力资源规划中的核心内容,是预测在某一未来时期,组织内部所能供应的(或经由培训可能补充的)及外部劳动力市场所提供的一定数量、质量和结构的人员,以满足企业为达成目标而产生的人员需求。从供给来源看,人力资源供给分为外部供给和内部供给两个方面。

1.外部供给预测

外部供给预测是指组织以外能够提供给组织所需要的人力资源的质和量的预测,主要的渠道是外部劳动力市场。外部供给是解决组织人员新陈代谢和改变人员结构的根本出路,是任何组织都必须面对和采用的人力资源补充渠道,因此,合理地对外部供给进行预测是保证组织正常发展,节省人力购置成本的重要手段。

外部人力资源供给的影响因素主要有:宏观经济形势和失业预期;当地劳动力市场的供求状况,其中大中专毕业生的数量与质量及就业意向是很重要的因素;行业劳动力市场的供求状况;人们的就业意识;组织的吸引力;竞争对手的动态;政府的政策、法规与压力。

2.内部供给预测

当组织出现人力资源短缺时,优先考虑的应该是从内部进行补充,因为内部劳动力市场不但可以预测,而且可调控,以有效地满足组织对人力资源的需求。影响内部供给的因素主要有:组织现有人力资源的存量;组织员工的自然损耗,包括辞退、退休、伤残、死亡等;组织内部人员流动,包括晋升、降职、平职调动等;内部员工的主动流出即跳槽等;组织由于战略调整所导致的人力资源政策的变化。人力资源内部供给预测的方法主要有以下三种。

(1)人事资料清查法

这种方法通过对组织现有人力资源质量、数量、结构和在各职位上的分布状况进行检查,掌握组织拥有的人力资源状况。通过一些记录员工信息的资料,可以反映员工的工作经验、受教育程度、特殊技能、竞争能力等与工作有关的信息,以帮助人力资源规划人员估计现有员工调换工作岗位的可能性大小和决定哪些员工可以补充当前空缺岗位,如表5-1所示。这一方法常作为一种辅助性的方法,对管理人员置换、人力接续等提供更为详细的质量上的参考。

表5-1 人事资料表

姓名	部门		科室	工作地点	填表日期
到职日期		出生年月			工作职称
教育背景	类别	学位种类	毕业日期	学校	主修科目
	高中				
	大学				
	硕士				
	博士				
训练背景	训练主体		训练机构		训练时间
技能	技能种类			证书	
志向	你是否愿意担任其他类型工作?			是	否
	你是否愿意调到其他部门工作?			是	否
	你是否愿意接受工作轮调以提高工作经验?			是	否
	如果可能你愿意承担哪种工作?				
你认为自己需要接受哪种训练	改善目前的技能和绩效				
	提高晋升所需的技能和能力				

(2)继任卡法

根据工作分析的信息,明确岗位对员工的要求和任职者情况,安排继任计划。可以用继任卡方法,主要用于管理者的内部接续管理,一般的继任卡如表5-2所示。

表5-2 继任卡

现任者晋升的可能性,可以用符合或颜色显示,如A(红色)表示应该立即晋升;B(黑色)表示 随时可以晋升;C(绿色)表示1~3年内可以晋升;D(黄色)表示3~5年内可以晋升。

现任者的职务,如CEO,部门经理,客户经理等。

现任者的年龄(以确定何时退休)现任者的姓名现任者任职的年限				
继任者	继任者 1	姓名	年龄	现任职务	晋升可能性(用符合或颜色表示)
	继任者 2	姓名	年龄	现任职务	晋升可能性(用符合或颜色表示)
	继任者 3	姓名	年龄	现任职务	晋升可能性(用符合或颜色表示)
	紧急继任者	姓名	年龄	现任职务	列入晋升计划的时间

（3）马尔可夫分析法

马尔可夫人力资源供给预测法通常也称为转换矩阵方法,主要用于组织内部人力资源供给预测。其思路是找出过去人力资源供给变化的规律,根据得出的规律来预测人力资源变化趋势;通过不同工作岗位的变动情况来调查员工的发展模式,显示员工留任、升降职、进出比率的人数。对人员变动概率的估计,一般以5～10年的长度为一个周期来估计年平均百分比,周期越长,这一百分比的准确性越高。这种方法的第一步是构建员工变动矩阵。其中,A 到 D 由高到低,可以是职务类别、工资级别、业绩考核、学历水平等。起始时间到终止时间的选择也相对比较灵活。如表5-3所示:AA 对应数据为 0.70,指 A 在该时间内留住 70% 的员工;A 流动到 B 的员工占 10%;A 流动到 C 的员工为 5%;流出企业的员工为15%。依此类推。从流动趋势来看,D 流出的员工最少,晋升到 C 为 5%;B 流出的员工最多,仅仅留住了 60%,晋升到 A 为 15%,也最多,降级到 C 为 5%、到 D 为 10%;流出企业为 10%。表5-4中,A 原有员工 62 人,留住 44 人,到 B6 人,到C3 人,流出 9 人。依此类推。

表5-3　员工流动可能性矩阵

工作状态		终止时间(目标状态)				流出率
		A	B	C	D	
起始时间 (原始状态)	A	0.70	0.1	0.05	0	0.15
	B	0.15	0.6	0.05	0.10	0.10
	C	0	0	0.8	0.05	0.15
	D	0	0	0.05	0.85	0.10

表5-4　现任职者矩阵

	原有员工数	A	B	C	D	流出人数
A	62	44	6	3	0	9
B	75	11	45	4	8	7
C	50	0	0	40	2	8

	原有员工数	A	B	C	D	流出人数
D	·45	0	0	2	38	5
终止员工数		52	51	49	48	29

（二）人力资源规划需求预测

人力资源需求预测是指对企业未来一段时间内人力资源需求的总量、人力资源的年龄结构、专业结构、学历层次结构、专业技术职务结构与技能结构等进行事先估计。人力资源需求预测必须在收集信息时进行，其实这也是分析信息的一种方式，人力资源需求预测主要有以下一些方法。

▶▶ 1. 德尔菲法（Delphi Method）

所谓德尔菲法是邀请在某一领域的一些专家或有经验的管理人员来对某一问题进行预测。该方法是一种定性的方法，其预测结果具有强烈的主观性和模糊性，但与一般的主观判断方法却不尽相同。经过多轮预测，让专家们的意见逐渐趋向一致，进而使预测具有较高的准确性。上海一家大型集团公司曾同时采用此方法和定量分析方法预测某一时期的专门公务员数，结果两种方法得到的结果十分相近。

▶▶ 2. 经验预测法

经验预测法，顾名思义就是用以往的经验来推测未来的人员需求。它是人力资源预测中最简单的方法，适合于稳定的基层组织中。不同的管理者的预测可能有所偏差。可以通过多人综合预测或查阅历史记录等方法提高预测的准确度。

▶▶ 3. 趋势分析预测法

趋势分析预测法是通过分析组织在过去几年中人员任用情况的趋势，来预测组织未来人员需求的一种人力资源需求预测技术。该法的公式如下：

$$NHR = a \times [1 + (b-c) \times T]$$

式中：NHR 指未来一段时间内需要的人力资源；a 是指月前已有的人力资源；b 是指计划平均每年发展的百分比；c 是指计划人力资源发展与政府发展的百分比差异，主要体现政府在未来发展中提高人力资源效率的水平；T 是指未来一段时间的年限。

三、人力资源规划的程序

人力资源规划的目的是为实现组织目标提供人员保障,因此,我们要熟悉人力资源规划的步骤。

(一)收集有关信息资料

人力资源规划的信息包括组织内部信息和组织外部环境信息。组织内部信息主要包括企业的战略计划、战术计划、行动方案、本企业各部门的计划、人力资源现状等。组织外部环境信息主要包括宏观经济形势和行业经济形势、技术的发展情况、行业的竞争性、劳动力市场、人口和社会发展趋势、政府的有关政策等。

(二)人力资源供需预测

在分析人力资源供给和需求影响因素的基础上采用以定量为主,结合定性分析的各种科学预测方法对企业未来人力资源供求进行预测。

(三)确定人力资源净需求

在对员工未来的需求与供给预测数据的基础上,将本组织人力资源需求的预测数与在同期内组织本身可供给的人力资源预测数进行对比分析,从比较分析中可测算出各类人员的净需求数。这里所说的"净需求"既包括人员数量,又包括人员的质量、结构,即既要确定"需要多少人",又要确定"需要什么人",数量和质量要对应起来。这样就可以有针对性地进行招聘或培训,就为组织制定有关人力资源的政策和措施提供了依据。

(四)编制人力资源规划

根据组织战略目标及本组织员工的净需求量,编制人力资源规划,包括总体规划和各项业务计划。同时要注意总体规划和各项业务计划及各项业务计划之间的衔接和平衡,提出调整供给和需求的具体政策和措施。一个典型的人力资源规划应包括:规划的时间段、计划达到的目标、情景分析、具体内容、制定者、制定时间。

（五）实施人力资源规划

人力资源规划的实施，是人力资源规划的实际操作过程，要注意协调好各部门、各环节之间的关系。在实施过程中需要注意以下几点：①必须要有专人负责既定方案的实施，要赋予负责人拥有保证人力资源规划方案实现的权利和资源。②要确保不折不扣地按规划执行。③在实施前要做好准备。④实施时要全力以赴。⑤要有关于实施进展状况的定期报告，以确保规划能够与环境、组织的目标保持一致。

（六）人力资源规划评估

在实施人力资源规划的同时，要进行定期与不定期的评估。其从以下三个方面进行：①是否忠实执行了本规划；②人力资源规划本身是否合理；③将实施的结果与人力资源规划进行比较，通过发现规划与现实之间的差距来指导以后的人力资源规划活动。

（七）人力资源规划的反馈与修正

对人力资源规划实施后的反馈与修正是人力资源规划过程中不可缺少的步骤。评估结果出来后，应进行及时的反馈，进而对原规划的内容进行适时的修正，使其更符合实际，更好地促进组织目标的实现。

第二节　员工招聘与培训

一、员工招聘

（一）员工招聘的含义

员工招聘，是指组织根据人力资源管理规划所确定的人员需求，通过多种渠道，利用多种手段，广泛吸引具备相应资格的人员向本组织求职的过程。

招聘就是组织有战略、有政策、有预测、有计划、有标准、有选择地向组织内外以最低成本吸引、吸收、留住适合需要的足量的合格人员和颇具潜力的人才,安排到特定的工作岗位上任职,以及建立人才库来满足企业未来需要的活动过程。

(二)员工招聘的原则

≫ 1.因事择人原则

员工的选聘应以实际工作的需要和岗位的空缺情况为出发点,员工招聘根据岗位对任职者的资格要求选用人员。

≫ 2.公开、公平、公正原则

公开就是要公示招聘信息、招聘方法,这样既可以将招聘工作置于公开监督之下,防止以权谋私、假公济私的现象,又能吸引大量应聘者。公平、公正就是确保招聘制度给予合格应征者平等的获选机会。

≫ 3.竞争择优原则

在员工招聘中引入竞争机制,在对应聘者的思想素质、道德品质、业务能力等方面进行全面考察的基础上,按照考查的成绩择优选拔录用员工。

≫ 4.效率优先原则

效率优先原则就是用尽可能低的招聘成本录用到合适的最佳人选。

(三)员工招聘的渠道

≫ 1.外部招聘

(1)人才交流中心和人才招聘会

我国很多城市都设有专门的人才交流服务机构,这些机构常年为企事业用人单位提供服务。他们一般建有人才资料库,用人单位可以很方便地在资料库中查询条件基本相符的人才资料。通过人才交流中心选择人员,有针对性强、费用低廉等优点。招聘会的最大特点是应聘者集中,用人单位的选择余地较大,费用也比较合理,而且还可以起到很好的企业宣传作用。

（2）媒体广告

通过报纸杂志、广播电视等媒体进行广告宣传，向公众传达招聘信息，覆盖面广、速度快。相比而言，在报纸、电视中刊登招聘广告费用较大，但容易醒目地体现组织形象；很多广播电台都有人才交流节目，播出招聘广告的费用较少，但效果也比报纸、电视广告差一些。

（3）网上招聘

网上招聘是一种新兴的招聘方式。它具有费用低、覆盖面广、时间周期长、联系快捷方便等优点。用人单位可以将招聘广告张贴在自己的网站上，或者张贴在某些网站上，也可以在一些专门的招聘网站上发布信息。

（4）校园招聘

学校是人才高度集中的地方，是组织获取人力资源的重要源泉。对于大专院校应届毕业生招聘，可以选择在校园直接进行。其包括在学校举办的毕业生招聘会、招聘张贴、招聘讲座和毕业生分配办公室推荐等。

（5）人才猎取

一般认为，"猎头"公司是一种专门为雇主"猎取"高级人才和尖端人才的职业中介机构。目前国内猎头公司较好的有 Chinahr 猎头公司、精英猎头公司和烽火猎头公司等等。

（6）员工推荐

通过企业员工推荐人选，是组织招聘的重要形式。员工推荐的优点是招聘成本小、应聘人员素质高、可靠性高。据了解，美国微软公司 40% 的员工都是通过员工推荐方式获得的。

2.内部招聘

内部招聘就是将招聘信息公布给公司内部员工，员工自己可以来参加应聘。内部招聘一般来说包括内部提升和内部调用。

（四）员工招聘测试

1.心理测试

通过一系列的心理学方法来测量被试者的智力水平和个性方面差异的一种科学方法。通过心理测试可以了解一个人所具有的潜在能力，了解一个人是否符合该企业某一岗位的需要。

▶▶2.知识考试

主要通过纸笔测验的形式,对被试者的知识广度、知识深度和知识结构了解的一种方法。

▶▶3.情景模拟

根据被试者可能担任的职务,编制一套与该职务实际情况相似的测试项目,将被试者安排在模拟的、逼真的工作环境中。要求被试者处理可能遇见的各种问题,用多种方法来测评其心理素质、潜在能力的一系列方法。

▶▶4.面试

面试是指一类要求被试者用口头语言来回答主试者提问,以便了解被试者心理素质和潜在能力的测评方法。

(五)员工招聘的程序

▶▶1.制定招聘计划和策略

招聘计划是组织根据发展目标和岗位需求对某一阶段招聘工作所做的安排,包括招聘目标、信息发布的时间与渠道、招聘员工的类型及数量、甄选方案及时间安排等方面。

▶▶2.发布招聘信息及搜寻候选人信息

组织要将招聘信息通过多种渠道向社会发布,向社会公众告知用人计划和要求,确保有更多符合要求的人员前来应聘。

▶▶3.甄选

甄选的过程一般包括对所有应聘者的情况进行的初步的审查、知识与心理素质测试、面试,以确定最终的录用者。

▶▶4.录用

人员录用过程一般可分为试用合同的签订、新员工的安置、岗前培训、试用、正式录用等几个阶段。

▶▶▶ 5.招聘工作评价

招聘评估主要指对招聘的结果、招聘的成本和招聘的方法等方面进行评估。一般应从以下两方面进行:一是对招聘工作的效率评价;二是对录用人员的评估。

例 5-1

沃尔玛的招聘方式

知名的沃尔玛商场要招一名收银员,几经筛选,最后只剩三位小姐有幸参加复试。

复试由老板亲自主持,第一位小姐刚走进老板办公室,老板便丢了一张百元钞票给她,并命令她到楼下买包香烟。这位女孩心想,自己还未被正式录用,老板就颐指气使地命令她做事,因而感到相当不满,更认为老板故意伤害她的自尊心。因此,老板丢出来的钱,她连看都不看,便怒气冲冲地掉头离开。她一边走,一边还气呼呼地咒骂:"哼,他凭什么支使我,这份工作不要也罢!"

第二位女孩一进来,也遇到相同的情况,只见她笑眯眯地接了钱,但是她也没有用它去买烟,因为钞票是假的。由于她失业许久,急需一份工作,只好无奈地掏出自己的一百元真钞,为老板买了一包烟,还把找回来的钱全交给了老板。不过,如此尽职卖力的第二位面试者却没有被老板录用。因为,老板录用了第三位面试的小姐。原来,第三位女孩一接到钱时,就发现钱是假的,她微笑着把假钞还给老板,并请老板重新换一张。老板开心地接过假钞,并立即与她签订合约,放心地将收银工作交给她。

评论:三位面试者有三种截然不同的应对方式。第一个面试者的心态,是多数老板最害怕的类型,毕竟,只会用情绪来处理事情的人,无论是谁也不敢将工作托付给他。第二位面试者的处理方式算是一种应对措施,但万一真的遇到重大问题力就会增加企业的损失。第三位面试者成功了。

二、员工培训

松下电器的创办者,被誉为"经营之神"的松下幸之助曾经说过:"企业之道第一是培养人才。一个天才的企业家总是不失时机地把对员工的培养和训练摆上重要的议事日程。培训是现代社会背景下的'杀手锏',谁拥有了它,谁就预示着成功。只有傻瓜或自愿把自己的企业推向悬崖的人才会对培训置若罔闻。"从这段话我们可以看出员工培训对企业有着重要的影响,是企业人力资源开发的重要手段,是现代组织人力资源管理的重要组成部分。

（一）员工培训的含义

员工培训是指一定组织为开展业务及培育人才的需要,采用各种方式对员工进行有目的、有计划的培养和训练的管理活动,其目标是使员工不断地更新知识,开拓技能,改进员工的动机、态度和行为,是企业适应新的要求,更好地胜任现职工作或担负更高级别的职务,从而促进组织效率的提高和组织目标的实现。

（二）员工培训需求分析

培训需求分析是指在规划与设计每项培训活动之前,由培训部门采取各种办法和技术,对组织及成员的目标、知识、技能等方面进行系统的鉴别与分析,从而确定培训必要性及培训内容的过程。培训需求分析就是采用科学的方法弄清谁最需要培训、为什么要培训、培训什么等问题,并进行深入探索研究的过程。它具有很强的指导性,是确定培训目标、设计培训计划、有效地实施培训的前提,是现代培训活动的首要环节,是进行培训评估的基础,对企业的培训工作至关重要,是使培训工作准确、及时和有效的重要保证。

案例 5-2

小李是人力资源部负责培训的主管,由于培训部只有一个"光杆司令",只好请来公司外的咨询公司一起来制作培训项目。他们设计的第一个项目是针对提高管理能力的系列课程,第二个项目是培养员工的领导能力,第三个项目是培养团队合作精神。设计好后,他们开始组织实施,每个部门分批分次前来参加,如果本期培训由于时间仓促没有时间,可以参加下期。培训中人员认真听取了老师的讲课并做笔记。培训后各部门人员继续回原部门工作,工作照旧,大家没感到有什么不同,只是觉得每年有这么一段培训时光,可以从紧张的工作中轻松一下。小李他们设计和实施的培训计划有什么问题,为什么大家没什么"感觉"?

（三）员工培训方案设计与实施

▶▶ 1. 培训方案的设计

培训方案的设计是培训目标的具体化,即告诉人们员工做什么,如何做才能完成任务,达到目的。培训方案的设计主要包括以下内容:选择设计适当的培训项目;确定培训对象、培训项目的负责人(包含组织的负责人和具体培训的负责人）；确定培训的方式与方法；选择培训地点；根据既定目标，具体确定培训方式、学制、课程设置方案、课程大纲、教科书与参考教材、培训教师、培训方法、考核方法、辅助器材设施等。

▶▶ 2.适当培训方法的选择

（1）讲授法

是培训者通过口头语言系统连贯地向受训者传授培训知识的方法。通常通过口头语言向受训者传授知识、培养能力的方法，在以语言传递为主的教学方法中应用最广泛，且其他各种方法在运用中常常要与讲授法结合。

（2）角色扮演法

是要求被试者扮演一个特定的管理角色来观察被试者的多种表现，了解其心理素质和潜在能力的一种测评方法。

（3）案例分析法

指把实际工作中出现的问题作为案例，交给受训学员研究分析，培养学员们的分析能力、判断能力、解决问题及执行业务能力的培训方法。

（4）研讨法

是指由培训者有效的组织受训人员以团体的方式对工作中的课题或问题进行讲座并得出共同的结论，由此让受训者在讲座过程互相交流、启发，以提高受训者知识和能力的一种教育方法。

（四）员工培训效果评价

▶▶ 1.认知成果

可用来衡量受训者对培训项目中强调的原理、事实、技术、程序或过程的熟悉程度。认知成果用于衡量受训者从培训中学到了什么，一般应用于笔试来评估认知成果。

▶▶ 2.技能成果

用来评估技术或运动技能，以及行为方式的水平，它包括技能的获得与学习及技能在工作中的应用两个方面。

▶▶ 3.情感成果

包括态度和动机在内的成果。

4.绩效成果

用来决策公司为培训计划所支付的费用。

5.投资回报率

指培训的货币收益和培训成本的比较。培训成本包括直接和间接成本,收益指公司从培训计划中获得的价值。

迪士尼用三天时间培训清洁工

每个地方的迪士尼乐园都吸引着来自各地的游客,除了娱乐设施有意思,服务也是亮点。那么迪士尼是怎么培训员工的呢?以最简单的清洁工为例,他们的第一个要求就是为人要乐观、性格要开朗,决定聘用以后,他们会进行三天的"特别培训"。

第一天上午培训的内容是扫地。他们有三种笤帚,分别用来扒树叶、扫纸屑和掸灰尘。三种笤帚的形状不一样,用法也不一样,怎么扫不会让树叶飘起来,怎么刮才能将地上的纸屑刮干净,怎么掸灰尘才不会飞起来。这三项是基本功,要用半天的时间学会,然后让每个清洁工都牢记一个规定:开门时,关门时,中午吃饭时,和客人距离内只有1.5米的时候均不能扫地。

下午培训的内容是照相。全世界各种代表性数码相机,大大小小数十款都摆在那里,很多时候客人会让他们帮忙拍照,迪士尼要确保包括清洁工在内的任何一个员工都能够帮助到他们,而不是摇摇手说"我不会用相机"。

第二天上午培训的内容是抱小孩和包尿片。有些小孩的妈妈可能会叫清洁工帮忙抱下小孩,小孩子的骨头是非常嫩的,"抱"正确的做法是右手托住孩子的臀部,左手托着孩子的背部,左手食指要翘起来,顶住孩子的颈椎或者后脑。同时还培训清洁工学会给小孩包尿片,怎么包最科学,怎么包最合理,迪士尼有一套专门的技术。

下午培训的是辨识方位,客人因为陌生经常会问路,洗手间在哪里?我想要买可乐……每一位清洁工都要把迪士尼的平面图刻进脑子里,哪怕是第一天工作,也不能对问路的客人说,我刚来,我不知道!

第三天是花一整天的时候培训沟通方式和多国语言。首先是与人沟通的姿势,必须要礼貌和尊重。例如和小孩子说话,必须蹲下,这样双方的眼睛保持着一个相等的高度,不能让小孩子仰着头说话。迪士尼要求保洁员会讲一句多国的外国话,内容是:"对不起,我并不能与你顺利沟通,我这就联系办公室,让能够和你交流的人来到你身边。"这样就能够帮助很多遇到困难的外国游客解决问题。

三天培训结束后，清洁工们才能被分配到相应的岗位开始工作。迪士尼为什么要花这些力气去培训清洁工呢？他们认为，越是底层的员工越是代表着迪士尼的形象，也越能直接为顾客提供服务，而服务和形象是他们的灵魂所在。也就是说，他们把每一个底层员工都看成是自己这个团队的灵魂！

第三节　绩 效 考 核

一、绩效考核的含义

绩效考核通常也称为业绩考评或"考绩"，是针对企业中每个职工所承担的工作，应用各种科学的定性和定量的方法，对职工行为的实际效果及其对企业的贡献或价值进行考核和评价。它是企业人事管理的重要内容，更是企业管理强有力的手段之一。业绩考评的目的是通过考核提高每个个体的效率，最终实现企业的目标。

二、绩效考核的原则

（一）公开性原则

以让被考评者了解考核的程序、方法和时间等事宜，提高考核的透明度。

（二）客观性原则

以事实为依据进行评价与考核，避免主观臆断和个人情感因素的影响。

（三）开放沟通原则

通过考核者与被考评者沟通，解决被考评者工作中存在的问题与不足。

（四）差别性原则

对不同类型的人员进行考核内容要有区别。

（五）常规性原则

将考核工作纳入日常管理，成为常规性管理工作。

（六）发展性原则

考核的目的在于促进人员和团队的发展与成长，而不是惩罚。

（七）立体考核原则

增强考核结果的信度与效度。

（八）及时反馈原则

便于被考评者提高绩效，考核者及时调整考核方法。

三、绩效考核的实施

绩效考核的实施过程可以说是绩效考核管理中的重中之重，对于整个绩效管理的有效性起着至关重要的作用。

绩效考核的过程一般来说包括六个环节，即绩效考核的准备、定目标、绩效辅导、考核评价、绩效考核反馈和绩效考核的审核。

（一）绩效考核的准备

绩效考核的准备工作包括以下内容：制定绩效考核的计划、确定绩效考核人员、准备绩效考核的条件，包括准备考核工具，开会的会场等、公布绩效考核的信息。

（二）定目标

绩效目标是员工未来绩效所要达到的目标，它可以帮助员工关注那些对于组织更为重要的项目，鼓励较好的计划以分配关键资源，并且激发为达到目标而做的行动计划准备。

（三）绩效辅导

绩效辅导阶段在绩效管理过程中处于中间环节，也是耗时最长、最关键的一个环节,这个过程的好坏直接影响绩效管理的成败。具体来讲,绩效辅导阶段主要的工作就是持续不断进行绩效沟通、大量收集数据,形成考核依据。

(四)考核评价

在进行绩效评价时,很多组织首先要求员工对其业绩达成状况进行自评,员工自评后再由上级主管或评估委员会对照初期与员工共同确定的绩效目标和绩效标准对员工进行评价。

(五)绩效考核反馈

绩效考核反馈是将绩效考核的意见反馈给被考核者,一般有两种形式:一是绩效考核意见认可,即考核者将书面的考核意见反馈给被考核者,由被考核者予以同意认可,并签名盖章。如果被考核者不同意考核者的考核意见,可以提出异议,并要求上级主管或人力资源部门予以裁定;二是绩效考核面谈,即是通过考核者和被考核者的要求、建议与新一轮工作计划的制定等问题与被考核者进行广泛的沟通。

(六)绩效考核的审核

绩效考核的审核通常是指人力资源管理部门对整个组织的员工绩效考核情况进行审核,处理绩效考核中双方较大的异议和某些绩效异常的问题,同时对绩效考核后的各种人力资源管理活动提出建议性意见。

四、绩效考核的方法

(一)图尺度考核法

图尺度考核法是最简单和运用最普遍的绩效考核技术之一,一般采用图尺度表填写打分的形式进行。

(二)交替排序法

交替排序法是一种较为常用的排序考核法。其原理是:在群体中挑选出最好的或者最差的绩效表现者,较之于对其绩效进行绝对考核要简单易行得多。因此,交替排序的操作方法就是分别挑选、排列的"最好的"与"最差的",然后挑选出"第二好的"与"第二差的",这样依次进行,直到将所有的被考核人员排列完全为止,从而以优劣排序作为绩效考核的结果。交替排序在操作时也可以使用绩效排序表。

(三)配对比较法

配对比较法是一种更为细致的通过排序来考核绩效水平的方法,它的特点是每一个考核要素都要进行人员间的两两比较和排序,使得在每一个考核要素下,每一个人都和其他所有人进行了比较,所有被考核者在每一个要素下都获得了充分的排序。

(四)强制分布法

强制分布法是在考核进行之前就设定好绩效水平的分布比例,然后将员工的考核结果安排到分布结构里去。

(五)关键事件法 KPI(key performance index)

关键事件法是一种通过员工的关键行为和行为结果来对其绩效水平进行绩效考核的方法,一般由主管人员将其下属员工在工作中表现出来的非常优秀的行为事件或者非常糟糕的行为事件记录下来,然后在考核时点上(每季度,或者每半年)与该员工进行一次面谈,根据记录共同讨论来对其绩效水平做出考核。

(六)行为锚定等级考核法

行为锚定等级考核法是基于对被考核者的工作行为进行观察、考核,从而评定绩效水平的方法。

(七)目标管理法 MBO(management by objectives)

目标管理法是现代更多采用的方法,管理者通常很强调利润、销售额和成本这些能带来成果的结果指标。在目标管理法下,每个员工都确定有若干具体的指标,这些指标是其工作成功开展的关键目标,它们的完成情况可以作为评价员工的依据。

(八)360度考核法

将原本由上到下,由上司评定下属绩效的旧方法,转变为全方位360度交叉形式的绩效考核。在考核时,通过同事评价、上级评价、下级评价、客户评价以及个人评价来评定绩效水平的方法。交叉考核,不仅是绩效评定的依据,更能从中发现问题并进行改革提升,找出问题原因所在,并着手拟定改善工作计划。

第四节 薪酬管理

一、薪酬的含义及其形式

(一)薪酬的含义

薪酬是员工因向所在的组织提供劳务而获得的各种形式的酬劳。狭义的薪酬指货币和可以转化为货币的报酬。广义的薪酬除了包括狭义的薪酬以外,还包括获得的各种非货币形式的满足。

(二)薪酬的形式

》》1.基本薪资

是雇主为已完成工作而支付的基本现金薪酬。它反映的是工作或技能价值,而往往忽视了员工之间的个体差异。

》》2.绩效工资

是对过去工作行为和已取得成就的认可。作为基本工资之外的增加,绩效工资往往随雇员业绩的变化而调整。

》》3.激励工资

激励工资和业绩直接挂钩。有时人们把激励工资看成是可变工资,包括短期激励工资和长期激励工资。

►► 4.福利和服务

包括休假(假期)、服务(医药咨询、财务计划、员工餐厅)和保障(医疗保险、人寿保险和养老金),福利越来越成为薪酬的一种重要形式。

二、薪酬管理的含义及其特殊性

在《财富》杂志的 2012 年美国 100 家最佳雇主排行榜上,谷歌排名第一,并非浪得虚名。高福利、高薪酬,再加上贴心的人文关怀,谷歌公司无可厚非地受到人才们的青睐。从中可以看出,科学有效的薪酬管理能够让员工发挥最佳的潜能,为企业创造出更大的价值。

(一)薪酬管理的含义

薪酬管理是指一个组织针对所有员工所提供的服务来确定他们应当得到的报酬总额以及报酬结构和报酬形式的一个过程。在这个过程中,企业就薪酬水平、薪酬体系、薪酬结构、薪酬构成以及特殊员工群体的薪酬做出决策。同时,作为一种持续的组织过程,企业还要持续不断地制订薪酬计划,拟定薪酬预算,就薪酬管理问题与员工进行沟通,同时对新酬系统的有效性做出评价而后不断予以完善。

(二)薪酬管理的特殊性

►► 1.敏感性

薪酬管理是人力资源管理中最敏感的部分,因为它牵扯到公司每一位员工的切身利益。特别是在人们的生存质量还不是很高的情况下,薪酬直接影响他们的生活水平;另外,薪酬是员工在公司工作能力和水平的直接体现,员工往往通过薪酬水平来衡量自己在公司中的地位。

►► 2.特权性

薪酬管理是员工参与最少的人力资源管理项目,它几乎是公司老板的一个特权。老板,包括企业管理者认为员工参与薪酬管理会使公司管理增加矛盾,并影响投资者的利益,所以员工对于公司薪酬管理的过程几乎一无所知。

▶▶▶ 3.特殊性

由于敏感性和特权性,所以每个公司的薪酬管理差别会很大。另外,由于薪酬管理本身就有很多不同的管理类型,如岗位工资型,技能工资型,资历工资型,绩效工资型等,所以,不同公司之间的薪酬管理几乎没有参考性。

三、薪酬管理的内容

(一)薪酬的目标管理

薪酬管理是人力资源管理乃至整个企业管理的核心内容之一,不仅涉及企业的经济核算与效益,而且与员工切身利益息息相关。薪酬应该怎样支持企业的战略,又该如何满足员工的需要。

(二)薪酬的水平管理

薪酬要满足内部一致性和外部竞争性的要求,并根据员工绩效、能力特征和行为态度进行动态调整,包括确定管理团队、技术团队和营销团队薪酬水平,确定跨国公司各子公司和外派员工的薪酬水平,确定稀缺人才的薪酬水平以及确定与竞争对手相比的薪酬水平。

(三)薪酬的体系管理

这不仅包括基础工资、绩效工资、期权期股的管理,还包括如何给员工提供个人成长、工作成就感、良好的职业预期和就业能力的管理。

(四)薪酬的结构管理

正确划分合理的薪级和薪差,正确确定合理的级差和等差,还包括如何适应组织结构扁平化和员工岗位大规模轮换的需要,合理地确定工资宽带。

(五)薪酬的制度管理

薪酬决策应在多大程度上向所有员工公开和透明化,谁负责设计和管理薪酬制度,薪酬管理的预算、审计和控制体系又该如何建立和设计。

四、薪酬体系设计

以谷歌为例，据调查，2012 年谷歌公司平均薪水为：106 104 美元；薪水最高的职位：高级软件工程师（140 481 美元）；薪水最低职位：客户策略师（60909 美元）。谷歌推出富有竞争力的全面薪酬：包括工资、津贴、奖金、福利、保险、股票期权等。在对员工的短期、中期和长期激励上，各自发挥着不同的作用。因此，合理的薪酬体系设计对于员工的激励有着重要的作用。

（一）薪酬体系的含义

薪酬体系是指薪酬的构成，即一个人的工作报酬由哪几部分构成。一般而言，员工的薪酬包括以下几大主要部分：基本薪酬（即本薪）、奖金、津贴、福利四大部分。

（二）薪酬体系设计的步骤

》》》 1. 薪酬调查

薪酬调查是薪酬设计中的重要组成部分。它解决的是薪酬的对外竞争力和对内公平问题，是整个薪酬设计的基础，只有实事求是的薪酬调查，才能使薪酬设计做到有的放矢，解决企业的薪酬激励的根本问题，做到薪酬个性化和有针对性的设计。通常薪酬调查需要考虑以下三个方面。

（1）企业薪酬现状调查

通过科学的问卷设计，从薪酬水平的三个公正（内部公平、外部公平、自我公平）的角度了解造成现有薪酬体系中的主要问题以及造成问题的原因。

（2）进行薪酬水平调查

主要收集行业和地区的薪资增长状况、不同薪酬结构对比、不同职位和不同级别的职位薪酬数据、奖金和福利状况、长期激励措施以及未来薪酬走势分析等信息。

（3）薪酬影响因素调查

综合考虑薪酬的外部影响因素如国家的宏观经济、通货膨胀、行业特点和行业竞争、人才供应状况和企业的内部影响因素，如盈利能力和支付能力、人员的素质要求及企业发展阶段、人才稀缺度、招聘难度。

2. 确定薪酬原则和策略

薪酬原则和策略的确定是薪酬设计后续环节的前提。在充分了解企业目前薪酬管理的现状的基础上,确定薪酬分配的依据和原则,以此为基础确定企业的有关分配政策与策略,例如不同层次、不同系列人员收入差距的标准,薪酬的构成和各部分的比例等。

3. 职位分析

职位分析是薪酬设计的基础性工作。其基本步骤包括:结合企业经营目标,在业务分析和人员分析的基础上,明确部门职能和职位关系;然后进行岗位职责调查分析;最后由岗位员工、员工上级和人力资源管理部门共同完成职位说明书的编写。

4. 岗位评价

岗位评价重在解决薪酬对企业内部的公平性问题。通过比较企业内部各个职位的相对重要性,得出职位等级序列。岗位评价以岗位说明书为依据,方法有许多种,企业可以根据自身的具体情况和特点,采用不同的方法来进行。

5. 薪酬类别的确定

根据企业的实际情况和未来发展战略的要求,对不同类型的人员应当采取不同的薪酬类别,例如:企业高层管理者可以采用与年度经营业绩相关的年薪制,管理序列人员和技术序列人员可以采用岗位技能工资制,营销序列人员可以采用提成工资制,企业急需的人员可以采用特聘工资制等。

6. 薪酬结构设计

薪酬的构成因素反映了企业关注内容,因此采取不同的策略、关注不同的方面就会形成不同的薪酬构成。企业在考虑薪酬的构成时,往往综合考虑以下几个方面的因素:一是职位在企业中的层级,二是岗位在企业中的职系,三是岗位员工的技能和资历,四是岗位的绩效,分别对应薪酬结构中的不同部分。

第六章　运营管理与财务管理

第一节　运营管理

对企业而言,要保证其正常活动,需要最基本的三项职能来支撑,即运营(operation)、营销(marketing)和财务(finance)。无论是制造型企业还是服务型企业,都设有从事这三项基本职能的部门。运营管理是企业最基本的活动,由与生产产品或提供服务直接相关的所有活动组成。运营管理既包含有形产品的转换过程,也包含无形产品的转换过程。

一、运营管理的产生和发展

(一)从手工生产到批量生产

手工生产是最早的商品和服务的组织形式。18世纪末以前,农业一直都是世界各国的主导产业,制造业也只有手工作坊。流通的商品通常是由手工作坊的工匠们手工制作,同样的商品没有一模一样的。制造业效率很低,对工匠们手艺的要求很高。大部分行业一开始都是靠手工方式生产的,直到今天仍有不少产业沿袭这种生产方式,尤其是对产品和服务个性化需求较高的产业,如定制服装行业。

工业革命使手工作坊式生产方式发生了根本变化。1765年,瓦特发明了蒸汽机,为制造业提供了机械动力,将制造业推进到工厂时代。以前在家庭或者作坊里的生产活动被转移到了工厂里,工厂往往同时雇佣许多人,于是劳动分工开始出现。

劳动分工的思想非常简单,将一份工作分成若干部分,认为一份工作由多人完成可以提高劳动效率。虽然古希腊人在实践中运用了劳动分工的思想,但第一个从理论上分析劳动分工的人是亚当·斯密。斯密用制针的例子来说明分工的合理性,他解释了劳动分工可以提高工作效率的三个原因:①工人的技能随着工作经验的增长得到提高;②减少了由于变换工作而损失的时间;③专用工具和机器的使用。

从手工生产到批量生产这个过程中,最重要的进步在于美国制造系统(American system of manufactures,ASM)的发展。ASM 可以被定义为:一套流程中,使用专用机器来生产可以互相替换的零部件。零部件互换性的基础是零部件的标准化。现代制造业的许多特征都与 ASM 有关,其中包括工厂的组织结构、专业化的机器设备、工作流程以及物料运输(如集装箱)、质量管理技术等。

(二)从批量生产到大规模生产

在手工生产转变成批量生产的过程中,伴随着工作方法的总结和发展,出现了后来被称为科学管理的思想体系。这一时期的生产组织和管理系统是由美国管理学家泰罗提出、发展和完善的,故命名为泰罗制。

现代生产系统有别于老式生产系统最显著的特征是 1913 年福特汽车公司流水装配线的建立。在这之后,一种新型的生产系统登上了历史舞台,由此开始了大规模生产、大批量销售的现代企业运营模式。福特公司用于大规模生产单一产品的生产系统具有生产效率高、生产连续性好、生产标准化程度高的特点。

(三)超越大规模生产

20 世纪 80 年代,日本经济的飞速发展很大部分归因于其汽车和电子公司的竞争优势。大规模生产时代提倡专业化,而且公司的组织结构是职能结构,这样的结构形式虽然开始运转良好,但是到最后,每一种职能仅仅只关注自己的成长和运营需要,忽视了与其他职能部门的合作。事实上,要满足消费者的需求,不同职能需要在流程中重新整合,才能将顾客想要购买的产品送到他们手中。在运营过程中,越来越多的中间产品和服务都由其他厂商生产(或者称之为外包),那么,将供应商整合进生产系统的工作就显得越来越迫切,促使供应链管理成为运营管理的重要内容。从某种意义上来说,顾客也是流程的一部分,在许多服务型企业的运营管理过程中,其工作目的即把顾客有效地"整合"进来。

从运营管理的发展历程看,生产运营的多样化和高效率是相矛盾的,因此,在生产管理运营多样化的前提下,努力搞好专业化生产管理运营,实现多样化和专业化的有机统一,是现代运营管理追求的目标。随着信息技术的发展,由信息技术引起的一系列运营管理模式和管理方法上的变革,成为运营的重要研究内容。近 30 年来出现的计算机辅助设计(CAD)、计算机辅助制造(CAM)、计算机集成制造系统(CIMS)、物料需求计划(MRP)、制造资源计划(MRPII)以及企业资源计划(ERP)等,都在企业生产运营中得,到广泛应用。

二、服务运营管理的演进

1913 年 4 月 1 日,第一条装配流水线在美国密歇根州福特公司的高地公园投入使用,流水线使标准化生产和节拍式运行成为高效的代名词,大规模生产的标准化商品开始充斥市场。效率提升使得工厂对工人的数量需求降低,这一有效的工作方法逐渐被引入到服务型企业之中。不少服务型企业开始力求将服务岗位标准化、服务流程工艺化。当前,服务领域的标准化是力求借鉴制造企业的标准化的方法和工具,进而实现服务业的规模经济。

(一)流程标准化

流程标准化强调服务的系统性,这种手段和方法充分借鉴了流水线的基本思想,即将服务工作进行详细分解和分工,从提高服务效率和可靠性上来寻求最优流程,进而标准化。这种标准化流程实际扩充了企业自身的服务能力,而且也保证了流程可靠性。

(二)服务标准化

服务通常是在消费者消费的同时才发生,服务的好坏取决于顾客在接受服务的"真实瞬间"(moment of truth,MOT),而在 MOT 中,服务接触(service encounter)直接影响客户满意度。服务接触实际上是服务过程中的人际接触(person－to－person encounter),这种接触往往决定了客户忠诚度。服务标准化实际上就是解决服务接触的标准化问题,企业需要想方设法在"接触瞬间"提炼出可以标准化的部分。服务型企业在这方面的努力主要体现在服装、仪表、语言、态度、行为等方面。

▶▶ 1.服务人员语言标准化

语言是沟通的媒介,服务中有效沟通至关重要。很多服务企业在语言上对服务人员都有非常严格的规定,譬如接电话时的语言标准为"您好,我是某某公司某某部门的某某,很高兴为您服务";客人来了,服务员的语言标准为"欢迎光临";客人离开时,语言标准为"您慢走,欢迎您再次光临"。

≫ 2.服务人员动作标准化

动作标准化完全源于科学管理思维在服务企业的运用。很多企业为了保证自己服务人员动作标准化,甚至不惜重金对服务人员进行标准化的礼仪培训。例如,在酒店前台的服务人员接待时要站立服务,两手交叉在体前或交叉在背后,两脚成"V"字形或与肩同宽,身体正直平稳,顾客光临时向顾客鞠躬或点头问候;引导顾客入座时向顾客指示方向,行进中两眼平视,正对前方,身体保持垂直平稳,无左右摇晃、八字步和罗圈腿,走在客人的右前方或左前方1.5~2步远距离处,身体略微侧向客人等。

≫ 3.服务人员态度标准化

服务态度的标准化是一种理想状态,实际操作时难度极大。例如,为了让服务笑容更灿烂,很多企业要求服务人员口含筷子进行笑容练习,以达到最佳微笑效果。这种标准化表面看起来是态度标准化,实际仍然隶属于动作标准化的范畴。因为服务态度涉及服务人员的情感成分,这方面的工作极难做到统一化、标准化。

(三)定制化服务

≫ 1.大规模定制。

如果说服务标准化的工厂化思维把所有客户都同质化看待,定制化服务则开始慢慢接近服务的本质。客户对服务的评价常常是因人而异的,个性化的诉求和表达往往是客户接受服务的本质体现。然而出于对成本问题的考虑,服务企业仍然希望在满足个性化要求的基础上尽可能进行标准化。从个性中寻求共性成为服务企业运营中集中考虑的问题,大规模定制服务也就成为这一阶段的主要运营方式。1970年美国未来学家阿尔文·托夫勒在《未来大冲击》一书中提出了一种运营设想:以类似于标准化和大规模生产的成本和时间,提供客户特定需求的服务。1987年,斯坦·戴维斯将其界定为"大规模定制"(mass customization)。1993年,约瑟夫·派恩二世在《大规模定制:企业竞争的新前沿》中这样描述:"产品多样化和定制化不能以增加成本为代价,而满足个性化定制的大规模生产或服务模式能够给企业带来经济价值和战略优势",这种模式就是大规模定制。

➤➤ 2.个性化定制

如果说大规模定制是为了考虑个性化需求的基础上进行客户的分类,那么个性化定制就不再对客户进行分类了,因为对个性化产品来说每一个客户就是一类。当然对于企业的服务成本来说自然很高,如果客户愿意为个性化需求提供补偿,那么企业的个性化定制自然也就成为服务运营中的重要方式。由于互联网的普及和移动互联的应用,消费者的行为逐渐从不可记录转变为可以留下痕迹,这些痕迹成为企业服务客户的重要基础,消费者行为的历史痕迹逐渐形成了巨量资料,这些巨量资料构成了我们所处的时代——大数据时代。大数据时代中大数据具有"4V"的特点:数量多(volume)、速度快(velocity)、种类多(variety)、数据准(veracity)。这种"4V"特点为个性化定制提供了很好的基础,企业需要做的只是对现有数据进行有效挖掘与整合,构建有效个性化服务的基础。

➤➤ 3.个性化体验

在有形产品与无形服务之外,体验(experience)成为消费者意欲得到的一种重要消费内容,当然这也体现了经济社会的进步。体验是除了商品和服务之外的另外一种经济提供物。顾客、商人和经济学家都倾向于把体验归到服务业,与餐饮、零售、汽车修理等服务内容混为一谈。事实上,当消费者购买服务时,他所购买的是一组非物质形态的活动,但如果他购买了体验就是购买了一系列值得记忆和回味的事件(这些事件是消费者自己愿意花时间去经历的)。约瑟夫·派恩二世和詹姆斯·吉尔摩将经济形态演变和企业提供的基本物质进行了区分,并分析了不同经济形态下企业供给内容和内容关键属性的不同点,如表 6-1 所示。

表 6-1　经济形态区分

经济提供物	产品	商品	服务	体验
经济	农业经济	工业经济	服务经济	体验经济
经济功能	采掘提炼	制造	传递	舞台展示
提供物性质	可替换的	有形的	无形的	难忘的
关键属性	自然的	标准的	定制的	个性化的
供给方法	大批存储	生产后库存	按需求传递	一段时期后披露

三、运营管理的主要内容

(一)运营管理的内容结构

运营管理主要研究企业如何高效地将输入端转换为市场需要的输出端,其关注的是企业产品或服务价值增值的全过程,因此必然涉及一些具体的思想和手段。与战略管理的宏观思维不同,运营管理更多的是强调将战略意图和市场需求落实到企业的整个生产或服务过程之中,不仅要在效率上满足要求,还要在效果上与战略相匹配。运营管理的基本框架如图 6-1 所示。

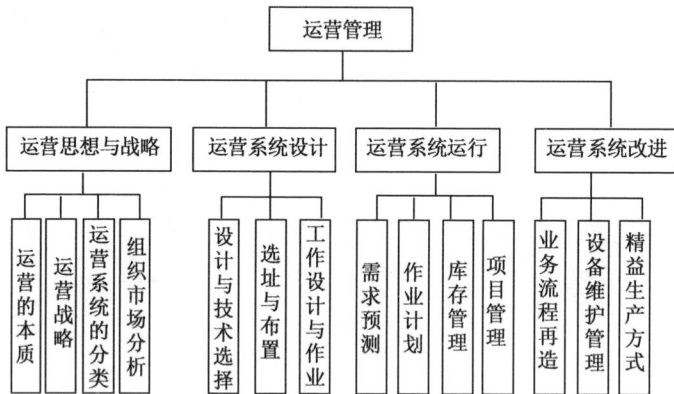

图 6-1 运营管理的基本框架

(二)运营思想与战略

运营思想与战略,包括运营的本质、运营战略、运营系统的分类和组织市场分析。其中运营的本质与企业的效率、可持续性紧密关联,它奠定了我们对运营的系统认识,描述了企业创造价值的系列活动组合,即从输入端到输出端这一过程上的所有内容;运营战略是企业战略体系中的一个职能层级战略,它的核心是以企业远景、使命和公司整体战略为方向和指导,系统设计和实施企业的运营活动,是运营管理过程和管理系统的根本性谋划,主要解决的是运营管理职能领域内如何支持和配合企业在市场中获得竞争优势等有关问题;运营的系统分类是从战略上将运营系统划分为结构性系统(包括设施选址、运营能力、纵向集成和流程选择等)和基础性系统(包括劳动力数量和技能水平、产品质量、生产计划和控制以及组织结构等);组织市场分析是将未来的实际需求尽可能变得已知,其实际工作是进行预测,这其中包括了经济预测、技术预测以及需求预测。

(三)运营系统设计

运营系统设计包括设计与技术选择、选址与布置、工作设计与作业。运营系统设计是要在企业运营战略的指引下,以确保运营系统的良好运行为目标,通常在企业创业、工厂或店面设施的建造阶段进行。由于运营系统设计会涉及长期的责任,即设计决策一旦作出,将会影响后续的投资行为、运营成本、劳动力可能性等一系列问题,因此,运营系统设计非常重要。但这里并不是说运营系统设计一经完成就不能更改,事实上在运营系统的生命周期内,不可避免地要根据企业内外部环境的变化对运营系统进行更新,包括为新增地点进行重新选址、扩建现有设施、增加新设备,抑或由于产品和服务的变化,需要对现有的运营设施进行调整和重新布置。不论是运营系统的初设还是更新与调整,都要涉及运营系统设计问题。

(四)运营系统运行

运营系统运行主要是指企业如何利用现有的运营系统适应外部市场变化,并针对顾客的需求,生产出适销对路的合格产品或提供令顾客满意的服务。其包含的内容较为丰富,主要有需求预测、作业计划、库存管理和项目管理等。在运营系统运行过程中,要充分发挥计划、组织与控制的基本职能。

首先,计划方面主要是解决生产什么、生产多少和何时出产的问题,要通过对需求的预测,确定产品或服务的品种指标、产量指标和质量指标,编制综合计划和主生产计划,确定产品出产的作业次序与进度安排,并利用物料需求计划做好原材料的采购。其次,组织方面是要通过对生产要素的组织安排,使有限的资源得到充分而合理的利用。最后,控制方面是要解决如何保证运营系统能够按照作业计划标准完成任务的问题。为了保证运营任务的顺利完成,需要利用项目管理统筹规划运营项目的进度,并在必要时进行时间—成本或时间—资源的优化,还要利用形式多样的库存模型对订货、库存与成本进行控制,并结合计划的监督作用对生产进度进行控制。

(五)运营系统改进

运营系统改进主要是指如何通过质量管理、设备管理等手段对系统存在的缺陷与漏洞进行实时的改进与提升,主要包括业务流程再造、设备维护管理、精益生产方式等。业务流程再造、精益生产等先进工具的使用,有利于促进运营系统的不断改进与升级。

第二节 质量管理

一、质量反质量管理的概念

质量管理是管理科学中的重要分支,也是工商管理专业课程体系中的一门核心课程。质量(quality)在西方的语境中本身就是好、有质量、质量好的意思。在用户的眼里,质量不是一件产品或一项服务的某一方面的附属物,而是产品或服务各个方面的综合表现特征。我们往往将质量作为衡量产品或服务优劣的一项指标,而质量的感知是因人而异的,不仅仅是从用户的角度出发,从企业的员工角度出发也会对质量有着不同的感知。人们对质量的评价往往有很大的主观性。质量的本质是用户对一种产品或服务的某些方面所做出的评价。

对于不同类型的产品或服务,质量的概念有不同的具体维度。在有形产品质量上,可划分的维度包括:①功能:实现产品主要用途的特性;②特殊性能:额外特性;③一致性:一件产品满足相关要求的过程;④可靠性:产品所具备性能的稳定性;⑤寿命:产品或服务正常发挥功能的持续时间;⑥美学性:外观,感受,嗅觉和味觉。而对于无形的服务质量水平,其测量的维度则包括:①便利性:服务的可接近性和可达性;②可靠性:独立地、一致地和准确地执行服务发生的能力;③责任心:服务人员自愿帮助顾客处理异常情况的责任感;④响应:提供服务的快捷性;⑤准确性:接待顾客的工作人员在该服务领域所具备的知识和提供可靠服务的技能;⑥周到:接待顾客的工作人员对顾客的方式;⑦视觉上的感受:设施、设备、人员和用于沟通的硬件的直观表现。

质量在不同的情况中有更多不同的含义。比如,质量要满足或超过顾客的期望,因此质量要有适用性。营销大师斯蒂芬·布朗曾在《哈佛商业评论》发表过一篇名为《折磨你的顾客》的文章,针对当时"以顾客为中心"的营销模式提出了逆向思维,故意搞饥饿营销,不放出满足市场需求的货量,使顾客愿意花时间和花精力来抢购你的商品。当然,前提是你的商品东西质量要好,否则饥饿营销也并非好手段。有时,质量表现为企业对消费者负责的态度与行为。例如,海底捞火锅食品安全问题的曝光,体现了其质量管理存在的重大缺陷。企业对公众负责任的态度也属于企业的质量管理,负责任的企业才能在成功之路上越走越远。

同样,质量高低还表现为产品上市后给社会所造成的损失程度。日本质量管理专家田口玄一博士认为:产品质量的好坏不能单纯看是否符合公差。公差只是人为决定的判断标准,并不表示产品内在质量的好坏,而内在质量的好坏主要由质量特性偏离设计中心制的大小来决定,即所谓容忍区间。海底捞火锅事件也体现出了不同顾客对产品质量的容忍区间。有的顾客认为其曝光出来的食品安全问题严重,海底捞在重大食品安全问题上失守,这不是一般的错误,而是触碰了底线,应该受到处罚和谴责,对其不能容忍;而有的顾客则认为这种食品安全问题很多,而海底捞官方解决问题迅速、态度良好、负责任、不推卸,认为其作为大企业还是能够接受的,对其采取容忍的态度。

二、质量管理的历史发展与演进

质量管理的发展可以分为三个阶段:质量检验阶段、统计控制阶段、全面质量管理阶段。人类社会一开始就存在质量管理实践,只不过缺乏质量管理的相关理论,仅有一些技巧和方法。《周礼·考工记》是中国历史上较早的、有文字记载相关实践的文献,其中记载了关于一些产品生产的具体过程和参数要求,包括农具应该怎样生产,以及战争中使用的一些兵器的生产。这是中国比较早的质量管理实践中的经验总结。

(一)质量检验阶段

在质量检验阶段,人们对质量管理的理解还只限于质量的检验。就是说通过严格检验来控制和保证转入下一道工序或出厂的产品质量。这一阶段的质量管理经历了三个进程:①操作者的质量管理。20世纪以前,产品的质量检验主要依靠手工艺者的手艺和经验,手工艺者参与工艺品生产的全过程,对自己制作的工艺品的自豪感和看中自己的名声使手工艺者对产品的质量进行鉴别、把关。②工长质量管理。20世纪初,工业革命产生了劳动分工:每个工人仅对每件产品的一小部分负责。美国出现了以泰勒为代表的"科学管理运动",泰勒提出了在生产中应将计划与执行、生产与检验分开的主张,强调工长在保证质量方面的作用,把执行质量检验的责任转移给工长。③检验员的质量管理。1940年前后,由于企业生产规模的不断扩大,质量检验职能由工长转移到专职检验员。大多数企业都设置了专职的检验部门,配备有专职的检验人员,用一定的检测手段负责全厂的产品检验工作。对生产出来的产品进行质量检验,鉴别合格品或废次品。

(二)统计质量控制阶段

由于第二次世界大战对军需品的特殊需要,单纯的质量检验已不能适应战争的需要,因此,美国组织了数理统计专家到国防工业中去解决实际问题。这些数理统计专家在军工生产中广泛应用数理统计方法进行生产过程的工序控制,产生了非常显著的效果,保证和改善了军工产品的质量。后来,这一方法又被推广到民用产品之中,这给各个公司带来了巨额利润。这一阶段的特点是利用数理统计原理在生产工序间进行质量控制,预防产生不合格品并检验产品的质量。在方式上,责任者也由专职的检验员转移到专业质量控制工程师和技术人员。这标志着之前事后检验的观念改变为预测质量事故的发生,并事先加以预防的观念。由于这个阶段过于强调质量控制的统计方法,使人们误认为"质量管理就是统计方法,是统计学家的事情",因而在一定程度上限制了质量管理统计方法的普及推广。

(三)全面质量管理阶段

全面质量管理(total quality management,TQM)起源于美国,后来在一些工业发达国家开始推行。20世纪60年代后期,这一方法在日本又有了新的发展。所谓全面质量管理,就是企业全体人员及有关部门同心协力,把专业技术、经营管理、数理统计和思想教育结合起来,建立起产品的研究设计、生产制造、售后服务等活动全过程的质量保证体系,从而用最经济的手段,生产用户满意的产品。其基本核心是强调提高人的工作质量,保证和提高产品质量,达到全面提高企业和社会经济效益的目的。其基本特点是从过去的事后检验和把关为主转变为预防和改进为主;从管结果变为管因素,把影响质量的诸因素查出来,抓住主要矛盾,发动全员、全部门参加,依靠科学管理的理论、程序和方法,使生产的全过程都处于受控状态。全面质量管理是全员参加的、全企业的质量管理,所采用的管理方法应是多种多样的。

全面质量管理是在统计质量控制的基础上进一步发展起来的。它重视人的因素,强调企业全员参加,全过程的各项工作都要进行质量管理。它运用系统的观点,综合而全面地分析研究质量问题。它的方法、手段更加丰富、完善,从而能把产品质量真正地管起来,产生更高的经济效益。当前世界各国的大部分企业都在结合各自的特点运用全面质量管理,各有特点,各有所长。

三、质量管理的主要内容

（一）质量管理的内容结构

质量管理是思想和工具的结合，包含了质量管理的理念、体系和方法，因此在内容结构上包括三个重要部分，第一部分要求质量管理者了解质量管理的基本理念，这些理念有时与我们的日常管理控制大相径庭；第二部分是质量管理的核心内容，即质量管理体系的建立；第三部分是质量管理工作中常用的工具和方法。整个课程内容结构如图 6-2 所示。

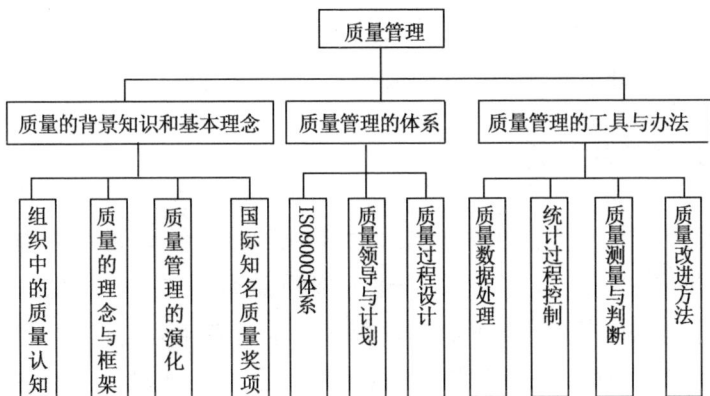

图 6-2　质量管理的内容结构

（二）质量的背景知识和基本理念

质量的背景知识和基本理念是学习质量管理的基础，主要包括组织中的质量认知、质量的理念与框架、质量管理的演化、国际知名质量奖项等。组织中的质量认知是指利益相关者对质量的界定，不同的认知带来组织对质量的不同界定与后续管理，这种界定决定了质量是从认知开始的，具有一定程度上的主观性；质量管理的理念和框架部分讲述不同质量管理大师的视角，这些理念在质量管理实践中成为指导组织进行质量管控的重要指导思想；质量管理的演化是指随着时间、技术的变化，质量管理的观念、工具和手段的发展变化历程；质量管理的国际知名奖项主要包括美国波多里奇质量奖、日本戴明奖以及欧洲质量奖，还包括中国质量奖和全国质量奖，帮助学生了解中国质量奖和全国质量奖评选过程、参评标准等内容。

(三)质量管理的体系

质量管理的体系主要包括 ISO9000 系统、质量领导与计划、质量过程设计等。ISO9000 系统是指国际标准化组织制定的国际标准之一,是指"由 ISO/TC176(国际标准化组织质量管理和质量保证技术委员会)制定的所有国际标准",该标准可帮助组织实施并有效运行质量管理体系,是质量管理体系通用的要求和指南。我国在 20 世纪 90 年代将 ISO900. 系列标准转化为国家标准,随后,各行业也将 ISO9000 系列标准转化为行业标准;质量领导与计划是质量管理的战略思维,意味着将战略融入企业的战略计划中,将方针管理(coinpass management)引入质量管理之中,为组织指明正确方向;质量过程设计囊括了开发过程设计、制造过程设计、使用过程设计以及服务过程设计,强调过程质量的一套事前的体系化安排,这其中包括了质量功能扩展、业务流程改善与再造等内容。

(四)质量管理的工具与方法

质量管理的工具与方法主要包括质量数据处理、统计过程控制、质量测量与判断、质量改进方法等。质量数据处理是指质量数据收集、整理、统计特征等方法;统计过程控制则应用统计技术对过程中的各个阶段进行监控,从而达到保证与改进质量的目的,强调全过程的预防;质量测量与判断是通过数据图示、统计的假设检验、统计推断、回归模型等一系列定性定量方法对质量进行测量和判断,从而为后续改进提供依据;质量改进方法是在质量判断基础上,分析质量问题产生的原因后再有针对性地解决问题的方法,包括质量管理的老七种方法,即分层法、检查表法、因果图法、排列图、直方图、散布图、控制图,以及新七种方法,即 1977 年诞生于日本的七种新型工具,包括亲和图(又叫"KJ法")、关联图、系统图、过程决定计划图(又叫"PDPC法")、矩阵图、矩阵数据解析法、箭线图。当然,在质量管理过程中还会使用直方图、检查表、实验设计等方法对质量数据进行分析并有针对性地提出质量改进的方案。

第三节 财 务 管 理

一、财务管理的产生和发展

财务管理作为一门独立的学科,最早产生于 19 世纪末,发展于 20 世纪。特别是在 20 世纪中期,随着生产规模的不断扩大,金融市场的逐步完善,计算手段的迅速提高,财务管理的理论和方法也取得了令人瞩目的发展。财务管理发展至今,大体上经历了以下几个阶段。

(一)财务管理的萌芽阶段

企业财务管理大约起源于 15 世纪末 16 世纪初,当时西方社会正处于资本主义萌芽时期,地中海沿岸的许多商业城市出现了由公众入股的商业组织,入股的股东有商人、王公、大臣和市民等。商业股份经济的发展客观上要求企业合理预测资本需要量,有效筹集资本。但由于这时企业对资本的需要量并不是很大,筹资渠道和筹资方式比较单一,企业的筹资活动仅仅附属于商业经营管理,并没有形成独立的财务管理职业,这种情况一直持续到 19 世纪末 20 世纪初。

(二)财务管理的初期阶段

19 世纪末 20 世纪初,伴随着工业革命的蓬勃发展,生产规模的不断扩大,以及生产技术的重大改进和工商活动的进一步发展,股份公司的发展逐渐成为占据主导地位的企业组织形式,当时企业面临的主要问题是如何筹措资金以满足扩充需要。此时财务管理的重点是研究企业的合并及重组、新企业的设立、企业证券发行等有关法律事务,适时而有效地为企业筹集资金、合理安排资本结构成为财务管理的最初职能。

这一时期的研究重点是筹资。主要财务研究成果有:1897 年,美国财务学者格林(Green)出版了《公司财务》,详细阐述了公司资本的筹集问题,该书被认为是最早的财务著作之一;1910 年,米德(Meade)出版了《公司财务》,主要研究企业如何最有效地筹集资本,该书为现代财务理论奠定了基础。

(三)财务管理的中期阶段

1929 年爆发的西方世界性的经济危机和 30 年代西方经济整体的不景气,迫使许多企业相继倒闭,投资者损失严重。这时,破产、改组和残余资产的处理成为许多企业的主要问题。此时处理企业破产、恢复和发展企业经济实力以保护投资者的利益成为财务管理的主要任务,其研究的重心不再是企业的扩展,而是企业的生存。这时,西方各国政府要求财务信息不仅用于企业内部,也要对外公布,使企业外部人员可根据公布的有关信息进行财务分析,从而使证券管理这一财务管理的主要职能得到进一步发展。

这一时期的研究重点是法律法规和企业内部控制。30年代以后,财务管理的重点开始从扩张性的外部融资,向防御性的内部资金控制转移,各种财务目标和预算的确定、债务重组、资产评估、保持偿债能力等问题,开始成为这一时期财务管理研究的重要内容。

(四)财务管理的近期阶段

20世纪50年代后期,随着新技术的开发与利用,以及激烈的市场竞争和买方市场趋势的出现,企业更加注重设备的更新换代。此时,企业财务面临的主要问题是如何进行资本支出预算,合理配置企业资源。财务管理研究的重点由资金筹措转向资金运用。这一时期,企业财务管理的重点由外部的一些法律问题转移到加强企业内部管理和决策上。资金的时间价值引起财务经理的普遍关注,以固定资产投资决策为研究对象的资本预算方法日益成熟,财务管理的重心由重视外部融资转向注重资金在公司内部的合理配置,公司财务管理发生了质的飞跃。

20世纪60年代,统计和优化理论的数学模型开始应用于企业流动资产和固定资产的管理与分析,使财务管理迅速朝着"严谨的数量分析"方向发展。这一时期,财务管理的重点包括最佳资本结构的组合、投资组合理论及其对企业财务决策的影响。以研究财务决策为主要内容的"新财务论"已经形成,其实质是注重财务管理的事先控制,强调将公司与其所处的经济环境密切联系,以资产管理决策为中心,将财务管理理论向前推进了一大步。

20世纪70年代,以期权定价理论为主的各种风险衡量模式的出现,使财务管理发展到一个崭新的水平。此时财务管理的重点是如何运用各种模式评估投资和筹资风险。

20世纪80年代以后,随着世界范围内新技术革命浪潮的冲击,传统的财务管理正日益受到挑战。与此相适应,一些新的财务领域正逐渐被开辟出来,如通货膨胀财务、国际财务、电算化财务等。今后财务管理的发展方向将是在传统财务的基础上,吸收兼容一些宏观经济的理论与方法,使财务管理的空间进一步扩大,形式、内容和方法更加充实和完善。由此形成的企业财务管理,不仅从微观层次上讨论资金的筹措、使用和分配问题,而且还从宏观的角度探索关于组织财务活动、处理财务关系等一系列问题,使其成为在更高层次上和更大范围内发挥作用的新型管理科学。

二、财务管理课程的特点和意义

(一)财务管理课程的特点

财务管理课程的性质属于管理学范畴,是一门以微观经济学为理论基础、以资本市场为课程背景、以现代企业为对象,阐述财务管理的基本理论和方法的应用性学科,是工商管理本科专业的必修课程。

财务管理是一门理论性与实务性比较强的学科,如筹资决策、投资决策的内容,既要求学生理解和掌握其相关的筹资和投资理论知识、方法,又要求学生具备筹资决策分析、投资决策分析运用的能力,能根据实际情况灵活运用这些理论知识、方法,解决实际中存在的问题。

财务管理的课程内容体系包括理论教学和实践教学两部分。理论教学涉及融资决策、投资决策、利润分配决策、营运资金管理等方面,实践教学包括课堂实践、课外实践和校外实践,各部分相互联系,是一个完整的体系。

(二)学习财务管理课程的重要意义

➤➤ 1.学生通过学习和掌握财务管理,为将来从事财务管理的相关工作奠定基础

对于工商管理专业的学生来说,财务管理学是必修的一门课程。学生通过学习和掌握财务管理,对财务管理的目标、意义、手段等方面将有更加深入的认识,掌握组织财务活动的基本方法和基本技能,并尝试利用所学到的理论知识进行分析和研究,可以说已经初步了解财务管理工作,再加上其他相关专业知识,为将来顺利从事财务管理以及综合管理类工作奠定了基础。

➤➤ 2.财务管理是企业管理工作的重要组成部分

财务管理是企业的重要职能之一,以利润最大化为最终目标的企业,其目标的实现是以良好的财务管理为基础的。以财务管理为中心,要求企业不仅重视资本的营利性,即尽可能多地获得长期、稳定、实在的利润,而且要重视资本的流动性,即保持最佳的资本结构,提高资本利用率和资本利润率。学习财务管理,有利于工商管理学生了解企业的财务活动,为进行科学的管理决策提供坚实的基础。

三、财务管理的内容框架

(一)筹资管理

资金是企业的血液,是企业设立、生存和发展的财务保障,是企业开展生产经营业务活动的基本前提。任何一个企业,为了形成生产经营能力、保证生产经营正常运行,必须持有一定数量的资金。在正常情况下,企业资金的需求,来源于两个基本目的:满足经营运转的资金需要,满足投资发展的资金需要。企业创立时,要按照规划的生产经营规模,核定长期资本需要量和流动资金需要量;企业正常营运时,要根据年度经营计划和资金周转水平,核定维持营业活动的日常资金需求量;企业扩张发展时,要根据生产经营扩张规模或对外投资对大额资金的需求,安排专项的资金。由此,就产生了筹资管理的概念。

筹资管理是指企业根据其生产经营、对外投资和调整资本结构的需要,通过筹资渠道和资本(金)市场,运用筹资方式,经济有效地筹集企业所需的资本(金)的财务行为。筹资的方式主要有筹措股权资金和筹措债务资金。筹资管理的目的是满足公司资金需求,降低资金成本,增加公司的利益,减少相关风险。

(二)投资管理

投资管理狭义上是一项针对证券的金融服务,广义上还包括实体商业投资、加盟连锁、创新项目投资管理等,以投资者利益出发并达到投资目标。投资者可以是机构,譬如保险公司、退休基金及公司或者是私人投资者。

投资一般是指把资金投入到将来可能盈利的经营管理服务中去的行为。企业的投资必须以财务管理的目标为标准,遵循国家相关的财务管理规定,有效地配置资金,合理地使用资金,强化财务预算和财务监督,使资金的使用既合理又合法。

(三)营运资金管理

营运资金管理是对企业流动资产及流动负债的管理。一个企业要维持正常的运转就必须拥有适量的营运资金,因此,营运资金管理是企业财务管理的重要组成部分。

营运资金,从会计的角度看,是指流动资产与流动负债的净额。如果流动资产等于流动负债,则占用在流动资产上的资金是由流动负债融资;如果流动资产大于流动负债,则与此相对应的"净流动资产"要以长期负债或所有者权益的一定份额为其资金来源。从财务角度看营运资金应该是流动资产与流动负债关系的总和,在这里"总和"不是数额的加总,而是关系的反映,这有利于财务人员意识到,对营运资金的管理要注意流动资产与流动负债这两个方面的问题。

流动资产是指可以在一年以内或者超过一年的一个营业周期内实现变现或运用的资产,流动资产具有占用时间短、周转快、易变现等特点。企业拥有较多的流动资产,可在一定程度上降低财务风险。流动资产在资产负债表上主要包括以下项目:货币资金、短期投资、应收票据、应收账款和存货。

流动负债是指需要在一年或者超过一年的一个营业周期内偿还的债务。流动负债又称短期融资,具有成本低、偿还期短的特点,必须认真进行管理,否则,将使企业承受较大的风险。流动负债主要包括以下项目:短期借款、应付票据、应付账款、应付工资、应付税金及未交利润等。

(四)收益与分配管理

收益与分配管理是对企业收益与分配的主要活动及其形成的财务关系的组织与调节,是企业将一定时期内所创造的经营成果合理地在企业内、外部各利益相关者之间进行有效分配的过程。企业的收益分配有广义和狭义两种概念。广义的收益分配是指对企业的收入和净利润进行分配,包含两个层次的内容:第一层次是对企业收入的分配;第二层次是对企业净利润的分配。狭义的收益分配则仅仅是指对企业净利润的分配。

企业通过经营活动取得收入后,要按照补偿成本、缴纳所得税、提取公积金、向投资者分配利润等顺序进行收益分配。对于企业来说,收益分配不仅是资产保值、保证简单再生产的手段,同时也是资产增值、实现扩大再生的工具。收益分配可以满足国家政治职能与组织经济职能的需要,是处理所有者、经营者等各方面物质利益关系的基本手段。

第四节 会 计 学

一、会计的产生与发展

(一)会计的萌芽阶段

会计的萌芽阶段是指从旧石器时代中、晚期到奴隶社会这一时期。会计的产生经历了一个漫长的历史时期。在世界上一些文明古国中,例如中国、埃及、巴比伦、印度和希腊都曾留下过对会计活动的相关记载。人类在进行生产活动时,就要进行物质资料的生产,必然要关心其生产成果,并力求在尽量少的劳动时间内创造出尽量丰富的物质财富。基于此,人类很早就意识到,在进行物质资料生产的同时需要记录、计算和汇总生产过程,并将劳动耗费和劳动成果加以比较和分析,借以掌握生产活动的过程和结果。因此,会计就应运而生了。

在社会生产力水平极端低下的情况下,人类的生产活动十分简单,劳动耗费和劳动成果仅凭人脑的简单思考、记忆就能完成,无须专门的记录、计算,因此,也无须会计。随着生产力的发展,人们的生产活动日趋复杂,仅凭人脑的记忆和简单的计算已经不能满足当前的需要,于是出现了简单的记数、记录行为。这些行为从会计的角度看就是会计产生的萌芽。从严格意义上讲,自旧石器时代中、晚期开始到奴隶社会繁荣时期为止,产生的最原始的计量、记录行为并不是纯粹的会计活动。这个时期的会计只是"生产职能的附带部分"。

(二)古代会计阶段

古代会计是指从奴隶社会到封建社会这一时期的会计。直到奴隶社会繁荣时期,真正意义的会计特征才显现出来。这一时期,生产力发展到一定水平,人类生产活动出现了大量的剩余产品,需要大量的记数、记录工作,此时,人们已经无法在"生产之余"去完成记数、记录工作,于是人们将会计活动从生产活动中分离出来,成为独立的会计记录活动,具有独立职能的会计也就产生了。但在这一时期,记账方法主要采用单式记账,计量上主要采用实物计量单位。

在我国,远古时期就出现了"结绳斗事""刻木记事"等行为,这些可以看作是最为原始的会计行为的代表。而"会计"一词最早出现于西周,据《周礼》记载,周王朝设立"司会"一职。专门掌管政府的钱粮收支。当时把每个月的零星计算称为"计",把年终的综合计算称为"会",这时的会计主要是对国库钱粮收支进行记录和计算,也包含考核的意思。西汉时期,官府和民间都有了被称作"计簿"或"簿书"的账册,中式簿记开始逐步发展完善。唐宋两代,随着经济的发展,我国的会计方法又有了新的发展,创建和运用了"四柱结算法"。其中的四柱是指旧管、新收、开除、实在,分别表示为期初结存、本期收入、本期付出和期末结存。其平衡关系为:旧管+新收-开除=实在。四柱结算法是我国会计发展的一个杰出成就。这种方法的基本原理至今仍被现代会计所采纳。明末清初,我国民间商业核算采用以四柱结算法为基础的"龙门账"。"龙门账"将经济业务系统地分为"进（收入）""缴（费用）""存（资产）""该（负债及业主权益）"
四大类，分别设立账目进行核算。其关系为进－缴＝存－该。该公式相等时，
称为"合龙门"。在此基础上，清朝后期又创立了"天地合账"，即对每一笔经济
业务都从"来源"和"去向"两个方面考查，全面反映经济业务的内容和来龙去
脉。账簿采用垂直写法，分为上下两格，上格记收，称为"天方"，下格记付，称为
"地方"，上下两格所记数额必须相等，这就是所谓的"天地合账"。"龙门账"和
"天地合账"可以被认为是我国单式簿记到复式簿记的过渡。

（三）近代会计阶段

近代会计通常是指 15 世纪以后的会计，其主要标志是复式记账法的创建与
传播。与单式记账相比，复式记账主要体现在记账方法发生了重大变化。我国宋
代创建的"四柱结算法"和明清时期的"龙门账"等，都体现了复式记账的基本原
理，但由于缺少总结，并未从理论高度加以推广。

1494 年，意大利数学家卢卡·帕乔利的著作《算数、几何与比例概要》问世，
该书系统地介绍了复式账簿的内容，该书的公开出版是复式记账开始形成的重要
标志。后人把帕乔利誉为"现代会计之父"。复式记账开创了近代会计历史的一
个里程碑，在意大利得到迅速普及并不断发展和完善。随着美洲大陆的发现和东
西方贸易的进行，复式记账传遍整个欧洲，乃至世界各地，被誉为会计发展史上第
一个里程碑。目前，会计记账仍采用复式记账的方法，并最终完成了复式记账的
方法体系及理论体系的建设。

（四）现代会计阶段

现代会计是指从 20 世纪 30 年代开始到现在的阶段。在这一阶段，随着社会
生产力的进一步提高和科学技术的高速发展，会计作为一门适应性学科也发生了
相应的变化，各国的会计准则也逐渐与国际准则相趋同，西方各国先后研究和制
定了会计准则，把会计理论和方法推向了一个新的台阶，会计规范更加国际化，管
理会计逐步形成并与财务会计分离，会计电算化被广泛应用于会计领域，会计理
论逐步形成，会计成为一门学科，创立了审计的基本理论。这些变化给会计的发
展变化提供了新的历史契机，会计理论、方法、思想也开始向信息化、知识化、全球
化方向发展。

二、会计学的特点及作用

(一)会计学的特点

会计是以货币为主要的计量单位,反映和监督一个单位经济活动的一种经济管理活动。其特点主要包括两方面,一是以货币计量为基本形式,二是连续、系统和完整地对经济活动进行核算和监督。

在商品经济条件下,一切商品都有价值,社会再生产过程中,商品的生产、交换、分配和消费等经济活动,都是通过货币计量来综合反映的,会计离不开计算,要计算就需要运用一定的计量尺度。计量尺度主要有三类,分别是实物量单位、劳动量单位和价值量单位,由于实物计量单位存在着较大的差异性和劳动计量单位存在着复杂性的特点,这两种计量单位都不能对一定主体的经济活动进行综合的计量,而以货币为计量单位,能克服实物量单位和劳动量单位的缺陷。货币作为一般等价物,能综合反映一定主体的经济活动。因此,现代会计的一个重要特征就是以货币计量为基本形式。

会计的另一个主要特点就是对经济活动的核算监督具有连续性、系统性、完整性。也就是说,会计作为一种管理活动,不是时有时无的,它是连续、系统、完整地对经济活动进行核算和监督。连续性是指会计是对一定主体的经济活动进行不间断的确认、计量、记录和报告。系统性是指会计核算必须用科学的方法,对一定主体的经济活动既要进行相互联系的记录,又要进行科学的分类,提供总括及详细的会计信息,以求得分门别类的经济指标。完整性是指在核算中凡是会计进行记录和计算的事项,都要毫无遗漏地加以记录和计算,不允许任意取舍,这样才能获得真实全面的反映经济活动的综合性指标。

(二)会计的作用

在我国,会计是按照国家的财经法规、会计准则和会计制度进行会计核算,提供以财务数据为主的经济信息,并利用取得的经济信息对会计主体的经济业务进行监督、控制,以提高经济效益,并服务于会计主体内、外部的各有关方。从不同的角度分析会计的作用,可以对会计的作用有更全面的认识。

从企业角度分析,会计信息的形成可以加强经济核算,为企业经营者提供数据,保证企业投入资产的安全和完整,对于管理者绩效的反映及其报酬的取得、债务契约的签订、投资者的回报以及维护企业形象等多方面都有重要作用。

从个人角度分析,通过会计信息,投资者可以形成对企业的监督,为投资者提供财务报告,以便于其进行正确的投资决策。投资者最关注的莫过于该企业的财务状况,企业能否取得利润直接关系到其能否取得相应的投资回报。

从政府角度分析,政府可以根据会计报表的汇总信息进行有效的宏观调控,决定资源和利益的分配,使国家经济健康、有序的发展。

(三)学习会计学的重要意义

学习会计学对于工商管理专业的学生具有重要的意义。首先,应明确会计学与工商管理专业之间的关系。工商管理是研究营利性组织经营活动规律以及企业管理的理论、方法与技术的学科,因此,工商管理专业涉及的范围非常广,包括了经济学和管理学的多门课程,但一般均会将会计学作为工商管理专业的基础课程。所以,从课程角度而言,会计学是工商管理专业的基础课程,同时它也是其他课程,例如财务管理、财务分析等课程的基础。学好会计学,具备扎实的会计学基础,有利于培养学生牢固的专业功底。另外,从学生毕业后的职业选择结果来看,许多学生从事了会计职业岗位,或与会计工作相关的一些岗位。会计学的学科知识对于工商管理专业学生未来的职业发展也具有非常重要的作用。

三、会计学的主要内容

(一)会计学的内容结构

会计是经济管理中的重要组成部分,它是以货币计量为基本形式,对会计主体(企业、事业、机关、团体等单位)的经济活动,进行核算和监督的一种管理活动。会计是一种管理活动,这说明了会计的本质;对经济活动进行核算和监督,是会计的职能。会计学主要包括以下两方面的内容,一是会计学基本概念,主要包括会计核算基础、会计要素与会计等式、账户设置,二是会计核算过程,主要包括企业基本经济业务、会计凭证、会计账簿、成本计算、财产清查和财务会计报告。

（二）会计学基本概念

≫ 1.会计核算基础

会计核算基础主要包括会计基本假设、会计信息质量特征、收付实现制与权责发生制。

会计基本假设即会计核算的基本前提，是指为了保证会计工作的正常进行和会计信息的质量，对会计核算的范围、内容、基本程序和方法所做的合理设定。会计基本假设是人们在长期的会计实践中逐步认识和总结形成的。结合我国实际情况，企业在组织会计核算时，应遵循的会计基本假设包括会计主体假设、持续经营假设、会计分期假设和货币计量假设。

会计信息质量要求是财务报告中所提供的会计信息对使用者决策有用所应具备的基本特征，包括可靠性、相关性、可理解性、可比性、实质重于形式、重要性、谨慎性和及时性。

由于会计分期的假设，产生了本期与非本期的区别，所以会计核算基础就有收付实现制和权责发生制的区别。收付实现制是指以实际收到或付出款项作为确认收入或费用的依据。在这种会计基础下，凡在本期实际收到的现金（或银行存款），不论款项是否属于本期，均作为本期收入处理；凡在本期实际以现金（或银行存款）付出的费用，不论其是否在本期收入中得到补偿，均作为本期费用处理。权责发生制又称应收应付制或应计制，它与收付实现制相对，在这种会计基础下，凡属于本期已经实现的收入和已经发生或应当负担的费用，无论款项是否收付，均应作为当期的收入与费用；凡不属于本期的收入和费用，即使款项已经收付也不应作为当期的收入与费用。

≫ 2.会计要素与会计等式

会计要素是对会计对象的基本分类，是会计对象的具体化，是反映会计主体的财务状况和经营成果的基本单位。企业会计要素分为六大类，即资产、负债、所有者权益、收入、费用和利润。其中，资产、负债和所有者权益三类会计要素主要反映企业的财务状况，财务状况是指企业一定日期的资产及权益情况，是资金运动相对静止状态时的表现，所以资产、负债和所有者权益又称为静态会计要素；收入、费用和利润三类会计要素主要反映企业的经营成果，经营成果是指企业在一定时期内从事生产经营活动所取得的最终成果,是资金运动显著变动状态的主要体现,所以收入、费用和利润又称为动态会计要素。

在企业的生产经营过程中,各项会计要素相互联系,它们之间客观上存在着一定的数量恒等关系。用数学方程式表示的会计要素之间的等量关系,称为会计等式,会计等式主要包括静态等式和动态等式。静态等式是指由三个静态会计要素形成的会计等式,即:资产=负债+所有者权益。这是最基本的会计等式。动态等式是指由三个动态会计要素形成的会计等式,即收入-费用=利润。

》》 3.账户设置

账户设置主要包括会计科目、账户和复式记账法三个方面。

会计科目是对会计要素按照经济内容所做的进一步分类。每一个会计科目都要明确反映特定的经济内容。例如,资产要素中要进一步划分为流动资产、固定资产等,因为它们具有不同的经济内容。流动资产各个组成部分也有不同的经济内容,相应的分为"库存现金""银行存款""应收账款""原材料""产成品"等,由此产生了"库存现金""银行存款""应收账款""原材料""产成品"等会计科目。设置会计科目,可以对会计对象的具体内容进行科学分类,便于会计分类,反映和监督企业的经济活动,为编制凭证、账簿和报表提供依据,从而有利于会计信息的收集、分析和汇总,提高会计工作的质量和效率。

设置会计科目只是解决了会计数据的分类,而会计数据的分类记录则需要通过设置账户来完成。账户是根据会计科目设置的,用以分类记录并初步加工有关数据的工具。例如,根据"库存现金""银行存款"科目,可以设置"库存现金"账户、"银行存款"账户,用以记录库存现金和银行存款的收款、付款和结存数据;根据"产成品"科目,可以设置"产成品"账户,用以记录产成品的收入、发出和结存数据。可见,只有设置账户才能按照会计科目分门别类地记录有关分类数据,以便进一步加工处理,形成更全面、更系统的会计信息。可以说,账户是建立任何会计核算系统的基础。

将发生的各项经济业务记录会计账户中,还必须采用一定的记账方法。目前采用的记账方法为复式记账法。复式记账法是以资产与权益平衡关系作为记账基础,对每一笔经济业务,都要以相等的金额在两个或两个以上相互联系的账户中进行登记,系统地反映资金运动变化及其结果的一种记账方法。采用复式记账法,能全面反映每一笔经济业务的来龙去脉,能全面反映会计主体的全部经济活动,便于检查账户记录的正确性。迄今为止,国际通用的复式记账方法为借贷记账法。

(三)会计核算过程

会计核算过程是指企业根据发生的基本经济业务,填制或取得原始凭证,按照设置的会计科目和账户,运用复式记账法,填制记账凭证。根据填制的记账凭证,按照预先设置的账户,采用复式记账法对交易或事项登记账簿。在登记账簿的基础上,根据账簿和其他相关资料,对生产经营过程中发生的各项费用进行归集和分配,计算产品成本;并采用财产清查的方法对企业财产物资的实有数进行清查盘点,将清查盘点结果与账簿记录相核对,以保证账实相符;最后根据账簿资料编制财务会计报告。会计核算过程如图 6-3 所示。

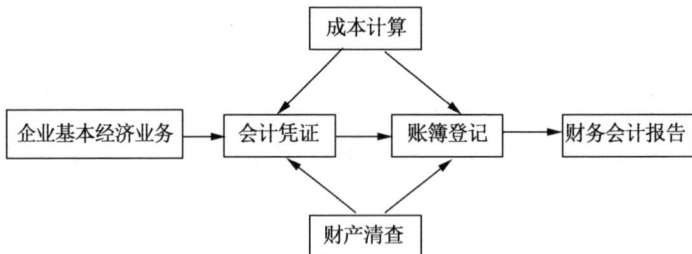

图 6-3 会计核算过程

>>> 1.企业基本经济业务

企业基本经济业务主要包括以下五种,筹资业务、采购业务、生产业务、销售业务和利润的形成与核算。

企业的生产经营过程是以生产过程为中心,实现供应过程、生产过程和销售过程三者的统一。首先,企业为了保证生产过程的进行,需要筹集资金购置生产经营必需的原材料、固定资产等,并将其投入到生产过程中。其次,通过生产过程,对劳动资料进行加工,把各项资产投入生产,制造出满足社会需要的各种产品。最后,在销售过程中,通过销售产品,以实现收入补偿生产耗费,收回货币资金或产生债权。另外,在销售过程中还会发生各种诸如包装、广告等销售费用,需要计算并及时缴纳各种销售税金,并结转销售成本。供应过程—生产过程—销售过程,构成企业的生产经营活动,三个过程周而复始、循环往复。

对于企业利润的实现,一部分要以所得税的形式上缴国家,另一部分即税后利润,要按照规定的程序进行合理的分配。通过利润分配,一部分资金要退出企业,另一部分直接以公积金等形式继续参与企业的资金周转。上述业务综合在一起,形成了企业的全部会计核算内容。

▶▶ 2.会计凭证

会计凭证是记录经济业务事项发生或完成情况,明确经济责任的书面证明,也是登记会计账簿的依据。各单位每天都要发生大量的经济业务,为了正确、真实地记录和反映经济业务的发生和完成情况,保证会计核算资料的客观性、合法性,任何单位在处理任何经济业务时,都必须由执行和完成该项经济业务的有关人员,从单位外部取得或自行填制有关凭证,以书面形式记录和证明所发生的经济业务性质、内容、数量、金额等,并在凭证上签名或盖章。任何会计凭证都必须经过有关人员的严格审核、确认无误后,才能作为登记会计账簿的依据。

会计凭证按照编制的程序和用途不同,分为原始凭证和记账凭证两种。原始凭证又称单据,是在经济业务发生或完成时取得或填制的,用以记录或证明经济业务的发生或完成情况的原始凭据,是会计核算的重要原始资料。记账凭证又称记账凭单,是会计人员根据审核无误的原始凭证,对经济业务按其性质加以归类,并据以确定会计分录后所填制的会计凭证,是登记会计账簿的直接依据。

▶▶ 3.会计账簿

登记账簿是以会计凭证为依据,运用复式记账的方法,对发生的交易、事项按照先后顺序,分门别类地记入有关账簿的一种专门方法。会计账簿简称账簿,是由具有一定格式、互相有联系的若干账页组成。

为了满足经营管理的需要,企业所使用的账簿种类较多,用途和形式各异,相互之间构成了严密的账簿体系。会计账簿的设置包括确定账簿的种类,设计账页的格式、内容和规定账簿登记的方法等。各单位应根据经济业务的特点和管理要求,科学合理地设置账簿。在登记账簿时,要依据会计凭证进行登记,书写要规范,账页登记要完整,内容登记齐全,避免记账遗漏或重复记账。

▶▶ 4.成本计算

成本计算是指在生产经营过程中,按照一定的成本计算对象归集和分配各种费用支出,以确定各成本计算对象的总成本和单位成本的一种专门方法。

成本计算要遵循成本计算的原则,严格执行国家规定的成本开支范围和费用开支标准,正确划分各种支出及费用的界限,根据生产特点和管理要求,采用适当的成本计算方法和成本计算组织形式,按照确定成本计算对象,确定成本计算期,确定成本项目,收集成本计算资料,按成本项目归集、分配生产费用,编制成本计算表的成本计算步骤进行成本计算。

企业在生产过程中,要分别计算材料采购成本、产品生产成本和产品销售成本。在计算各种成本时,都要按照成本计算对象,在有关的成本项目中归集和分配费用;要分清直接费用和间接费用,直接费用应直接计入,间接费用应选择一个合理的分配标准,经计算分配计入各有关成本计算对象。

▶▶▶ 5.财产清查

财产清查是指通过对实物、现金进行盘点,对银行存款和债权、债务进行核对,确定财产的实存数额,并查明实存数额与账存数额是否相符的一种专门的会计核算方法。

财产清查的盘存制度,是指通过对财产物资的实物盘查、核对,来确定其实际结存情况的一种制度。在会计实务中,盘存制度一般有永续盘存制和实地盘存制两种。

永续盘存制,又称账面盘存制,是指以账簿记录为依据来确定财产物资账面结存数量的一种方法。这种制度的特点是平时对各项财产物资的增加数和减少数,都要根据会计凭证连续计入有关账簿,并随时结出账面结存数量。

实地盘存制是指在期末以具体盘点实物的结果为依据来确定财产物资结存数量的一种方法。采用这种方法,平时在账簿中只登记财产物资的增加数,不登记减少数。到了期末,对各项财产物资进行盘点,再根据实地盘点所得的实存数来倒挤出本期的减少数,然后完成账面减少和结存的记录,使账实相符。

财产清查是一项涉及面广、业务量较大的会计工作,为了提高清查效率,保证清查工作质量,必须采取科学、合理的方法对不同的清查内容采用不同的财产清查方法。

▶▶▶ 6.财务会计报告

财务会计报告是企业对外提供的反映企业某一特定日期财务状况和某一会

计期间经营成果、现金流量等会计信息的文件,包括会计报表、会计报表附注以及其他应当在财务会计报告中披露的相关信息和资料。

会计报表又称财务报表,是根据日常核算资料编制的反映企事业单位一定时期财务状况和经营成果等情况的总结性表格文件。会计报表至少应当包括资产负债表、利润表、现金流量表、所有者权益变动表和附注。

资产负债表是反映企业某一特定日期财务状况的会计报表。它是根据"资产＝负债＋所有者权益"这一会计等式,依照一定的分类标准和顺序,将企业在一定日期的全部资产、负债和所有者权益项目进行适当分类、汇总、排列后编制而成。

利润表又称损益表,是反映企业在一定会计期间经营成果的报表。利润表的编制是依据"收入－费用＝利润"这一公式。利润表格式主要有多步式和单步式两种。按照我国会计准则的规定,我国企业的利润表采用多步式。

现金流量表是指反映企业在一定会计期间现金和现金等价物流入和流出的报表,属于动态报表。所有者权益变动表是指反映所有者权益(股份公司为股东权益)各组成部分当期增减变动情况的报表。

报表附注是对在资产负债表、利润表、现金流量表和所有者权益变动表等报表中列示项目的文字描述或明细资料,以及对未能在这些报表中列示项目的说明等。

第七章　创新管理实践

第一节　创新的内涵

关于创新的话题常说常新。在我国，"创新"一词最早出自三国时期的《魏书》"革弊创新者，先皇之志也"。哈佛大学教授约瑟夫·熊彼特在1912年出版的《经济发展论》中第一次系统地提出创新理论，他认为"创新，就是把一种从来没有过的关于生产要素和生产条件的新组合引入生产体系"，即为生产要素和生产条件的重新组合。其具体包括五种情况：

（1）生产一种新的产品，可以是已有产品的新特性，或者是消费者尚未熟悉的产品；

（2）采用一种新的生产方法，也就是在有关的制造部门中尚未通过检验检定的方法，这种新的方法不一定非要建立在科学新发现的基础上，它可以是以新的商业方式处理某种产品；

（3）开辟一个新的市场，也就是制造部门以前不曾进入的市场；

（4）掠取或控制原材料和半成品的来源，不论这种来源是已经存在的，还是第一次创造出来的；

（5）实现一种新的工业组织方式或企业重组，比如形成一种垄断地位，或打破一种垄断地位。

由此创新的研究和理论发展也是层出不穷，基于对不同层面的强调，对创新的界定也是不一而足。管理学中，就企业生产和销售产品的本质而言，创新就是在组织的作业和管理工作中不断形成新观念、新构想从而使革新有所发展的过程。反映到企业的生产管理中，创新就是在技术和经济结合的过程中，以新的思想投入到产品研发设计、生产销售等流程活动中。大而言之，创新可以表现在更广泛的方面。在网络和信息时代，任何一个触发交互节点并实现有效变化的发展都包含其中，无论其发生在技术、组织、制度等的任何方面。

在组织中，无论是作业人员还是管理人员，其作为组织活动的主体参与其中是非常重要的。一个组织活力大小及经营成果的好坏，重要一环便是员工积极性和创造性发挥的程度，从这一层面来讲，创新活动的主体便不仅局限于对组织经营管理有重大决策权限的中高层管理者，而是作为组织的全体成员，甚至是一线的作业工人。与此同时,全体组织成员创造性得以积极发挥、拥有良好创新文化的组织在创新方面就有着无可比拟的优越性,创造活力也会无限扩大。

一、创新的内容

基于内外部环境因素的影响,企业实施创新是全方位的,涉及生产销售活动和管理工作的方方面面。在企业生产活动的不同阶段,创新也包含了不同的内容。

(一)观念创新

作为一家企业,管理者的理念决定了企业发展的道路,超前的理念或许能够引领企业走在市场发展的前列,但陈旧落后的发展理念势必会阻碍企业的良性发展。所谓观念创新,是指企业在发展过程中以一种不同于以往的观念、思路或构想的方式进行技术与资源的结合以求更高效地利用资源及适应企业内外部环境变化。观念创新的本质在于打破传统思维观念的定势,以革新和发展的视角看待企业内外部环境变化,针对企业的经营项目、市场定位、销售策略等做出重新调整和改变。以发展的眼光看待组织发展过程中的变化,加以引导和利用,以期解决发展中的新状况、新问题。

(二)战略创新

战略创新是指企业以未来发展为主导,在战略层面上不断更新对企业的发展与规划。制定企业发展战略,需要基于对现实能力资源的把握,对未来市场发展前景的预测,再加之对企业内外部环境的分析,把握企业自身发展中的优势、劣势、能力和不足,制定适合企业长足发展的战略。战略创新的过程也不是一蹴而就的,必须依照环境的变化不断发展和调整,必要时甚至需要重新制定战略。

(三)技术创新

技术创新是企业创新的最直观最重要的表现,从新的技术概念形成、研发测试到形成产品实施商业化推广应用,都是技术创新的主要内容。市场环境千变万化,新工艺和新技术的改造、升级和创新层出不穷,企业只有不断专注于技术创新,才能在激烈的市场竞争中获得竞争优势。技术创新覆盖的范围非常广泛,具体包括了新的物质形态、新的物质载体、新的技术手段、新的要素组合方式等。

(四)组织创新

组织结构是企业各个部门在时间、空间上的排列组合顺序,各要素在各部门之间的分布状态以及部门要素之间彼此建立联系的一种方式。在管理工作中,各个部门在职责权限上都相互分割又彼此联结,以组织整体的分工协作共同实现组织发展的目标。为充分提高员工积极性和创造性,改善组织效率,组织创新要求在机构设置和人员配备、权责划分、信息沟通和流程安排等方面,依据企业能力、发展阶段和内外部环境变化进行适时调整。一个有效的组织必然能够不断地实施组织创新,使企业发展适应环境变化。

(五)制度创新

制度是确保组织良好运行的一系列的规范体系,它要求组织的成员在既定的范围和权限内履行职责和享受权利。在企业中,员工根据约定的价值模式和行为方式实施在组织中的角色扮演,这便构成了组织的制度运行。合理的制度以及良好的制度实施环境可以激发组织成员的积极性,因此组织需要根据内外环境变化、企业文化氛围和自身发展特征进行制度创新,促使组织运行更加畅通有序。

(六)市场创新

企业生产产品或提供服务需要在市场中与顾客直接接触,为促进消费者消费,抢占市场份额,企业会不断地开拓市场,形成市场创新。市场创新,包含既有市场的扩张,也包含对新市场的开辟,通过企业不断创新的活动和方式去引导和刺激消费。市场需求是引发企业一系列创新活动的源头,创新最终的产品和服务必须接受市场的检验才得以显现效果,市场的不断开拓、创新也能更好地促成这一目标。企业实施市场创新的途径非常多,可以通过改变经营内容、形成产品创新、开发新的技术、改变传统服务方式等。

(七)管理创新

在组织活动中,作业工作和管理工作缺一不可,企业运营层面上的管理创新对企业发展至关重要。管理创新是指采用一种新的管理方法、管理手段和管理模式进行企业管理,创新后的企业管理起来更为高效有序。管理者可以划分为基层、中层和高层管理者,尽管不同层次管理者的管理重点不同,但管理创新的意识必须贯彻在每一层管理人员的思想中。同时,根据管理职能的划分,在计划、组织、领导和控制四大职能中都可以实施管理创新。有效实施管理创新,可以更好地促进组织资源发挥最大效用。

(八)商业模式创新

企业通过组织内外部要素的整合形成高效率且具有独特核心竞争力的运行系统,在为客户提供价值最大化的过程中获取持续性的盈利,这一过程也成为企业发展的商业模式。从实质而言,商业模式即为企业赚取利润的途径。在如今的商业环境中,产品、服务和信息合为一体,各种不同的盈利模式层出不穷,企业与客户、供应商及其他利益相关者的关系模式可以任意组合,不同的商业逻辑便造就不同的盈利模式。企业要进行商业模式创新,需要针对企业所处的行业性质、发展阶段、企业自身的能力和资源条件等进行综合考虑,选择出适合企业发展的商业模式,才能在市场中持续有利地发展。

二、创新的特征

作为一项革新性的举措,创新有着创造性、风险性、系统性、动态性等特征。

(一)创造性

不拘泥于常规而又有突破性的进展,是表现创造性的一大特色。无论是为了解决问题而实施的革新、传承中的升级,还是探索中的首创,都是创造性最明显的表现。与传统活动相比较,创新具备了突破性的质的提高,正是基于这一事实,创新最直观的表现就在其创造性上。创新的创造性可具体表现在新的产品或工艺的出现,也或者是组织在管理结构的安排、管理流程的重组等管理要素的重新构建上,因为有了实质性差异,创造性才得以体现。

(二)风险性

创新非一日之功,在组织实施创新过程中势必会历经种种挑战。基于信息的不对称性,创新过程中的风险要素把控的难度较大;同时,实施创新的过程也是资源要素重新实施分配的过程,自然也会面临来自不同利益群体的压力和排斥;在技术创新方面,技术瓶颈的攻克及产品的商业化推广都面临着较大的阻碍。正是创新的高风险性,使得创新成功后的价值和收益也颇为丰厚,因此企业就会不断地投入创新。

（三）系统性

组织的活动是连续性的，创新活动可以出现在组织活动的任何一个阶段，任何一个节点的有效变革都会形成创新的机制。同时，着眼于组织的全局性，在计划、组织、领导、控制的各个阶段都会由于关联性进而对创新的成败产生影响。因为创新的最终成果是落地于顾客的消费，在组织的整体流程中，创新始发点后延的环节都对创新的产出有着累加效应，而涉及组织全局的战略、使命、企业远景等更是对创新有着实质性的影响。

（四）动态性

市场是瞬息万变的，再加之消费者的偏好总处于不断变化中，社会整体的技术水平也在不断提高，企业拥有的竞争优势或许转瞬间被颠覆、被超越。为确保组织的核心竞争力，在组织内外环境不断发生变化的情况下，需要持久不断地进行创新，要在创新的内容、方式、水平等方面走在时代的前沿或至少处于行业同等水平。在如今企业更加淡化组织边界的情况下，企业与周围实时地进行着物质、能量、信息的交换，作为一个更加动态开放的系统，企业需要在创新方面不断超越，更有利于推动企业发展。

创新作为组织活力的源泉，贯穿于企业发展的一切作业领域和管理领域。除了上述四大基本特点之外，创新还具备如下特性：基于高风险的高收益特征、强烈的时间特性而引发的时机特性、范围和程度迥异导致的创新相对性、涉及全局性和系统性而产生的复杂性和不确定性、尽管创新过程受阻却能产生超高的价值性等。

三、创新的分类

创新涵盖的内容丰富，又因为组织所处的行业性质、组织的内外部环境、组织自身资源能力的差异，创新也表现为不同的类型。

（一）原始创新、集成创新和模仿创新

从技术创新的角度来看，依据组织自身创新能力的差异可以将创新区分为原始创新、集成创新和模仿创新。原始创新是企业凭借自身的能力和资源独自进行

创新的情况,由于不借助外界的支持和合作,原始创新又称为拥有"完全自主知识产权"的创新。集成创新是指对现有技术的重新组合从而产生新的技术并形成创新,或者通过借助其他领域的技术促使本领域发生创新变化的情况。模仿创新,是一种跟随性质的创新,是在率先创新的示范作用下,经由合法路径进行模仿学习,进而形成自己的创新成果。

三种创新模式中,原始创新的创新成本最高也最难获得成功,当然也是最有创新价值的,在掌握完全自主知识产权后,组织更容易获得核心竞争优势。集成创新和模仿创新的难度相对略低,但同样具有重要意义。组织在无法保障原始创新的情况下,依托集成创新和模仿创新同样能在市场竞争中保持自己的相对优势,同行业中类似技术的推广应用也多源自于此。

(二)整体创新和局部创新

从创新的规模和创新对系统的影响方面进行区分,创新可分为整体创新和局部创新。与整体创新相较,局部创新是在系统整体性质维持不变的情况下,系统内的部分要素、要素的性质及其相互组合的模式发生变化,形成局部量变。整体创新则在系统的整体性质方面改变其根本,形成目标和使命的转变,涉及系统的全部要素的革新,是局部量变到质变的转变。在规模上,整体创新超过局部创新,形成组织框架下全部成员和全部要素的一种发展变化。

(三)渐进性创新和根本性创新

根据创新的广度和创新对系统影响的程度进行区分,创新可分为渐进性创新和根本性创新。渐进性创新是指组织中产生革新性影响比较小的创新,这些创新往往源自于产品或服务的一些新特性,不会对既有的市场产生较大转变或形成新兴市场,但有可能增加企业的市场份额、提高企业营业收入。根本性创新则是由于观念的根本性改变使得企业首次向市场引入能对经济产生重大影响的创新产品或技术,根本性创新以全新的方式提供产品和服务。根本性创新往往需要经历更长久的时间过渡,可以是其他各种创新的累积和迸发,同时也会引发大量的其他创新。

(四)积极攻击型创新和消极防御型创新

从创新与环境的关系来看,创新可分为积极攻击型创新和消极防御型创新。

积极攻击型创新是指企业受到外部环境的潜在有利刺激而采取主动调整积极创新的行为,以便很好地开发和利用环境提供的此种机会。消极防御型创新是指迫于外部环境的压力,企业的经营发展受到某种程度的威胁,为避免外部环境带来的损失而在组织内部进行的调整和完善。消极防御型创新可以是局部的创新,也可以是整体的创新,其创新结果往往形成竞争适应型企业。

四、创新的动力及影响因素

企业是实施创新行为的主体,其所处的内外部环境因素均对其创新产生不同程度的影响。就企业自身而言,企业家特征、组织文化、其所具有的资源和能力都会影响企业创新的能力;同时,企业所处的外部环境,如市场需求、技术推动、政府政策、市场竞争态势等也是企业创新的影响因素。

(一)企业创新的内部影响因素

》》1.企业家特征

相对于强调稳定经营、规范制度管理的领导者而言,参与协作型、问题解决型和转换型领导更倾向于推动组织实施创新,形成企业层面和员工等不同层面的创新行为,使企业内部的生产要素进行重新组合以适应市场需求提升企业发展。

》》2.组织文化

企业的组织文化是隐匿在冰山深层的"管理之魂",深藏员工内心并潜移默化地影响员工的行为。对不确定性规避程度较低的企业,员工自我发挥的空间较大,自主性高,行事就比较灵活,组织文化中对失败持宽容态度并鼓励员工积极尝试,则企业整体的创新倾向比较明显;而对于不确定性规避程度较高的企业,员工受到的约束和局限性就较大,对稳定性的追求促使员工更倾向于按部就班,而不愿为创新失败付出相应的代价。

》》3.企业的资源能力

与企业家特征、企业文化这些无形的资源相比,企业自身有形的资源实力也对组织创新有着明显的影响效力。基于创新存在高风险性的特征,企业需具备一定的人力、物力和资金等资源去实施有效创新,否则企业只能朝着模仿创新方式进行适度调整。

(二)企业创新的外部影响因素

▶▶ 1.市场需求

企业是在为顾客提供价值服务的过程中获得收益的,市场需求直接决定了企业经营的内容和技术发展的方向:对现有产品质量升级的需求、对产品特征和服务更加多元化的需求、对新生代产品的需求……都直接反映到企业创新的方向上。顾客对于产品和服务引发的市场需求直接成为企业实施创新的长足动力。

▶▶ 2.技术推动

技术创新的直接推动就是促进新技术与经济活动的结合,从而形成商业上的应用推广。在技术发展处于空白期时,技术创新有很大的发展空间,创新效率也会较高;而当技术发展已经成熟,发展空间就会相对较低,创新效率也会很低。一旦形成科学技术上的重大突破,往往随时而来的技术创新和商业发展也会兴旺繁荣,企业也因为其技术上的创新保持产品和服务的独特性。

▶▶ 3.政府政策

在企业发展的外部环境因素中,政府政策在宏观层面可形成有利于创新的环境引导,促使资源更集中地对企业创新起到有效配置的助力作用。政府对企业创新的推动具体落实在出台的一系列政策上,比如专利政策、知识产权体系的建立和完善、放松政府管制的政策等。另外,在一些涉及国家安全和国计民生的项目上,政府的支持与参与会更促进企业的创新发展。

▶▶ 4.市场竞争

在经济迅猛发展的同时,来自同行业的市场竞争也是日益激烈。在市场中能否生存下去很大程度依赖于企业能否通过创新保持自身的核心竞争力,压力不断增大的市场竞争状态会促使企业选择实施创新。只有通过不断完善自身的创新机制,不断地推出新的产品和服务,满足市场和顾客的需求,才能确保企业长久持续经营。

五、创新的过程

组织的创新是一个过程,这一过程伴随着企业研发、生产、营销和管理的各个环节,而非仅仅局限于单纯的技术活动的完成或新的产品问世。就一般创新规律而言,创新的过程大致可分为以下几个阶段。

(一)孕育阶段

创新过程初始于问题解决和新出现机会的触发,成功实施创新不是一时的突发奇想,前期通常会经过一定的酝酿,再经由储备知识和经验的组合升华迸发而出。一方面,创新所需要的知识和经验往往专业而又广博,比如科学技术上的重大突破也需要经过时间的积淀和检验,并且由于触类旁通来自相关领域的启发和灵感对形成创新理念意义重大;另一方面,基于问题解决模式产生的被动型创新是在问题积累到一定程度才会触发的,问题的产生也是一步步积累的过程,待问题已经造成组织正常发展的困扰时,创新的出现才被触动。

(二)寻找创新契机

成功的创新不仅来源于企业内部的技术、营销和管理人员的思考,也因为组织外部环境的刺激而产生。无论何种缘由,一旦创新被激发,传统的规则、秩序和模式都面临重建的威胁,组织系统自身的惯性和利益群体的阻碍,都会成为创新面临的风险。在组织内部,创新的启动者需要为成员建立创新成功后的美好远景,管理者也要及时捕捉到组织内部影响创新的不协调因素并及时进行沟通处理,在合适的契机下启动组织内的创新,确保全体成员对创新的支持和拥护,或者至少不反对实施创新。

(三)提出创新方案

创新是把直觉、想象与现实建立沟通的过程,前期数据和材料的搜集整理、观察分析、选择合适的创新契机都要落脚在一个可行并获得多数认可的创新方案上,否则只能沦为空谈。创意形成的阶段,需要综合考量企业自身能力资源、市场行情、创新方案的可操作性、方案实施后的风险与收益状况以及实施创新对企业发展的长期战略影响等。另外,创新方案的提出要建立在对风险要素的把控上,把各种潜在的不协调和阻碍因素极大地转化为机会要素,使创新方案在组织层次上获得平衡和认可。

(四)实施与调整

把创意方案转化为具体的实际操作过程,即创新实施的过程。由于各种潜在风险和不确定因素的存在,创新方案的后续实施需要组织全方位地提供支持,创新实施过程中发生与预期不一致情况时采取及时调整至关重要,毕竟创新方案的制订不可能尽善尽美,总有突发因素影响创新过程的正常实施。另外,创新付诸实施的过程是有极大风险的,创新者启动创新之后必须坚定不移地推行创新,面临组织内外环境要素变迁时采取及时调整而非半途而废,否则创新就只能前功尽弃。

(五)形成创新模式

创新方案成功实施后,还有反馈总结阶段。对创新实施过程中出现的结果与预期不一致的情况进行分析比较、总结改善,使得创新模式不断得以反馈改进,在组织内部经过各方面的探索、调整和适应,再经由时间的过滤检验,最终形成成熟的创新模式。一旦形成规范性的范式,组织整体都将在思维模式、价值观念、行为方式和管理模式上达成新的一致状态,为企业的经营发展提供强劲有力的增长动力,组织整体的管理水平和层次、资源的高效配置和效率的极大提高都将成为自然而然的结果。

第二节　技 术 创 新

一、技术创新的概念

企业在市场上竞争,必须要有自己的核心能力,提供的产品或服务往往依托其所拥有的技术能力。自熊彼特提出创新概念以来,关于技术创新的探讨也是层出不穷,分别经历了 20 世纪 50—60 年代的开发性研究阶段、70—80 年代的系统研究和 80 年代至今的综合研究阶段。从企业管理的角度来看,技术创新是指以技术活动为基础,经由概念形成、研究开发或组合,再到生产制造形成商业化推广,并最终对经济和社会产生效益的过程。

关于技术创新,有学者侧重对技术的强调,认为非技术性的创新不在此列;也有学者认为产品和工艺的创新都应包含其中。无论广义或者狭义的对技术创新的界定,都涵盖两个本质特征:第一,技术创新是基于技术性的活动。技术创新的标志是"技术发明的首创性",新产品、新服务和新工艺的应用,都源于此。第二,技术创新是技术与经济的结合。单纯意义的技术突破不足以对经济、社会产生深刻影响,技术创新的关键在于通过技术手段实现其商业化价值。广义与狭义技术创新概念的区分则主要聚焦于技术的涵盖范围以及关于渐进性与根本性技术变革的程度。

企业的发展史往往是企业的技术创新史,成功经营的企业会持续注重企业的技术创新,不断加强原材料的生产工艺,改善产品的加工工艺等,凭借技术的创新在提供产品或服务上筑造自己的核心竞争力,在激烈的市场竞争中占领一席之地。具体而言,技术创新包含了以下几个方面。

(一)材料创新

材料是实施技术创新的物质基础,也是构成产品的物质基础,同时也为了改善产品质量或者降低经营成本,企业需要在材料创新上积极探寻。材料创新包括开辟新的材料来源、开发和利用替代性材料以及改进材料的质量和性能。具体的手段可以是寻找和发现已有材料的新性能和新用途,或者通过新技术与新知识的结合制造新的合成材料。

(二)工艺创新

以市场、技术、资源或其综合为导向的工艺创新,是企业通过研究和运用新的操作方式和新的工艺,进行生产制造的流程和活动。工艺创新可以提高企业的生产质量以降低残次品率,或提高生产效率、节约资源从而降低企业成本,又或者由于产品工艺独具特色而提高企业的销售数额。

(三)生产手段创新

生产手段代表着生产力水平的高低,生产手段创新指的是生产的物质条件的改造和更新,具体包含两个方面:其一是运用先进的技术手段改造和更新现有的技术设备,以延长其寿命或提高其效能;其二是将先进的科技成果转化升级为新的技术手段,代替传统设备的运用,使企业获得更高的效能。

(四)产品创新

创新作为企业的基本行为,其实质是要通过产品的创新来创造顾客价值实现营收,前面对材料、工艺和生产手段的创新最终都落地于对产品的创新。产品创新指依靠技术创新的方式来实现产品的升级或者新产品的产生。通过产品形式等的改变实现对原有产品的升级翻新,称为后向创新。相对应地,通过制造一种全新产品来满足市场和顾客需求的做法则是前向创新。

二、技术创新的过程

技术发展延续不断的同时,技术创新的过程也在不断地演绎和进化,对技术创新过程的描述也由单项技术逐步过渡到系列技术上。

(一)单项技术的创新过程

自技术创新理论进入研究者的视线范围以来,技术创新过程发生的普遍性规律被逐步归纳为五种基本的分类:简单线性技术驱动的技术创新过程、市场需求激发的技术创新过程、技术和市场结合共同拉动的技术创新过程、创新环节并向一体化的技术创新过程、内外部环境与要素系统整合化的技术创新过程。

》》 1. 技术推动模式

技术推动模式是最早对技术创新过程的描述,第二次世界大战后由英国经济学家阿罗提出,认为科学进步和技术发明直接推动了技术创新的发生。这种模式认为,研究开发是创新的源头,创新主体拥有新的技术或发现并将之投入到企业的技术创新活动中,形成技术创新促进经济增长的模式。同时,这种模式所要求的技术研发通常需要较长的周期,不过技术推动模型遵循此种规律,一旦获得技术成功,就会对企业的创新管理产生巨大的影响,甚至引发新的技术革命,现实中不乏技术引发大量创新的实践案例。

》》 2. 需求拉动模式

20 世纪 60 年代中期大量对技术创新的实证研究发现,大多数的技术创新并非是技术推动引起的,客观存在的市场需求往往能够引发更多技术创新的发生,需求的拉动作用非常明显。这一模式的倡导者是施穆克勒。该模式认为市场需求和生产需求刺激了对技术创新的要求,节省原材料和生产成本以及对市场开拓的追求促使这一创新模式的产生。正是由于市场或生产的需要,促使企业不断进行研发,投入生产后能够产生较大的需求拉动,同时相较于技术推动,需求拉动创新的模式具有风险小、成本低的特点。

▶▶ 3.交互模式

上述技术推动和需求拉动模型都属于线性拉动,简单的前一环节对后一环节的刺激和引导。到 20 世纪 70 年代末,很多研究开始转向对两种模式的综合,认为技术和市场对技术创新存在交互引导和刺激的作用。事实上因为技术创新的复杂性,单一要素引发技术创新的实践是越来越少,技术进步和市场需求的共同作用推动技术创新过程发生的比例越来越高。这一技术创新模式的思路就是,社会的新的需求或技术诱发新构思的形成,进而对创新主体的研发、设计、生产、销售这一流程产生影响,最终形成技术创新的社会和经济效益。

▶▶ 4.并向一体化模式

无论是简单线性传递的技术模式和需求模式,还是技术和市场交互作用的综合模式,都过于强调技术创新的诱发因素,而对技术创新的过程关注不足。20 世纪 80 年代后期克莱因和罗森堡提出了链环模型,开启了对技术创新过程的研究。并向一体化的技术创新模式认为,技术创新的过程不是从一个职能部门向另一个职能部门的传递,而是在现有知识存量和基础性研究的基础上,设计研发、生产销售等不同的职能部门同时对新产品的诞生贡献力量,并通过加强部门之间的联系实现知识、信息向产品的转移,这一过程可重复进行直至新产品问世。

▶▶ 5.系统整合模式

并向一体化模式对技术创新过程的关注仅局限于组织内部,对组织内外部环境和创新过程管理鲜有涉及。20 世纪 90 年代后罗斯韦尔等提出了系统集成网络的创新过程模式。一方面,企业内部研发和销售部门对科技知识和市场需求的把握对创新过程的管理非常重要;另一方面,企业外部的客户、供应商、合作伙伴等利益相关者与企业这一创新主体之间的合作联盟等,促使信息在基础创新过程的传递更强有力。在同时涉及系统内外部整合时,企业也增强了对技术创新的过程管理。

(二)系列技术的创新过程

▶▶ 1.A-U 创新模式

继技术创新的过程研究之后,美国学者阿波纳西(Abernathy)与厄特巴克

(Utterback)开始对技术创新的动态进行研究,形成 A－U 模式。A－U 模式认为技术创新包含产品创新和过程创新,前者是生产新产品的技术,后者则是生产新产品为节约成本所进行的投资。在产品生命周期的不同阶段,产品创新和过程创新发生的频率也不尽相同;技术创新的过程也由此划分为变动、过渡、稳定三个不同的阶段。

在变动阶段企业以潜在需求为目标,积极进行产品创新,产品设计变动频繁,创新频率较高,但由于工艺和生产组织的不完备产出效益往往较低。此阶段以产品创新为主,过程创新居从属地位。进入过渡阶段后,经过大量的市场实践和技术改进,产品设计基本趋于成熟,技术创新的重点也由产品创新向制造产品的工具、设备、材料、匹配的组织形式等过程创新上转变。在产品稳固的最后阶段,也即是产品生命周期的中后期,技术水平、产品性能以及配套的工艺手段都已经完备,企业创新开始着眼于进一步降低成本、提高质量和满足用户的差异化需求上。

▶▶ 2. 逆 A－U 创新模式

在发展中国家或者以技术模仿为特征的国家,技术创新的模式往往呈现逆 A－U 模式。具体来说,由于原始技术创新的缺乏,这些后发国家的技术创新通常表现为引进、消化吸收、再创新的特征。

由于缺乏一定的能力基础,企业需要引进国外整套的技术装备和产品填补国内市场的空白,引进初期也往往面临技术使用、故障解决等技术支撑难题,因此引进后的迫切任务在于消化吸收成功技术创新的机理,促使本国企业能通过拆分、模仿形成自己的生产能力。随着本国市场对产品性能的要求提高,企业开始着手实施技术的研发改进和升级。如果技术成功开发,本国企业在技术创新方面可以追赶甚至超越国际技术创新水平,后发国家直接晋级技术发达国家行列。

三、技术创新的管理

企业为获得竞争优势,往往对技术创新非常重视。而由于风险和不确定因素的存在,对技术创新及其要素的管理变得至关重要。

(一)技术创新的战略管理

技术创新的战略管理是指以技术创新作为出发点,结合企业内外部环境及其所在行业、市场的发展机会在战略层面制订的发展目标,匹配企业其他战略形成系统性的组织战略。技术创新的战略管理包含对创新水平和创新方式的选择。

▶▶ 1. 创新水平

从技术创新水平来看,技术创新战略包含:引领行业的领先型技术创新战略、紧随其后的跟踪型,以及空白型技术创新战略,由于创新水平的战略制定不同,企业在市场中的地位也会不同。

(1)领先型的技术创新战略

选择领先型技术创新战略的企业,一般具备较高的技术研发能力,企业通过自主研发在市场中获得领先地位,在技术和产品服务方面比竞争对手有着非常多的竞争优势。但由于技术创新和研发的成本与风险比较大,领先型的技术创新战略适用于实力雄厚、研发资源丰富的企业,或者处于成熟期的企业。

(2)跟踪型的技术创新战略

领先型的技术创新战略对企业技术要求较高,一般有技术跟踪和吸收能力且有一定的经济实力的企业会选择跟踪型的技术创新战略。相比较而言,跟踪型技术创新战略的投资成本和风险较小,虽然不具备技术上的领先优势,但运用跟踪型技术创新战略的企业通常能在新技术和新产品出现不久后迅速地做出回应,在短时期内研制出同样的产品。再者,跟踪型的技术创新战略会使企业更加关注新产品的开发,凭借产品更加优质的性能、更低廉的价格进行市场营销。

(3)空白型的技术创新战略

对于技术研发实力和经济能力一般的企业,凭借技术的优势在市场竞争中获胜非常困难,这一类型的企业具有基础的技术和市场机会的搜寻能力,利用现有市场的技术空隙进行创新以填补细分市场上的空白,巧妙避开高风险、高投资、高竞争的技术领域。空白型的技术创新战略适用于处于生存期的企业或者新进入行业的企业。

▶▶ 2. 创新方式

企业进行技术创新的方式有独立创新、模仿创新、协同创新、引进创新。作为创新主体的企业,根据组织的内外部环境和技术创新的战略定位选择匹配的创新方式。

(1)独立创新

独立创新是指企业凭借其拥有专利或知识产权的技术并在此基础上实现产品价值创新的活动。独立创新对企业拥有财力和研发能力提出双重要求,高质量的研发团队使企业在技术开发上能够形成比较优势,而经济实力的支撑能够保障企业技术创新过程的连续和顺畅。

（2）模仿创新

通过模仿进行的创新活动,包含仿制模仿和改进模仿。仿制模仿是对市场上现有产品的完全复制,改进模仿在模仿的基础上对产品进行再创造,超越原有的技术和生产水平,并在产品的外观、性能、成本等方面有所改进。模仿创新的优势在于技术投入的风险低,但同时也面临技术领先优势不足的劣势,尤其是新进高端技术的仿制并不容易。

（3）协同创新

协同创新是指企业与企业、政府、科研机构、中介或用户以合作方式实现技术突破和创新的整合方式,从而达到知识增值的目的。协同创新的最大效益在于通过不同组织之间的资源整合,形成一种资源互补,从而加速技术的推广应用和产业化,市场上常用的产学研结合便是典型的事例。

（4）引进创新

企业为追赶先进技术有效把握市场方向,通过逆向工程（逆向工程是根据已有的东西和结果,通过分析来推导出具体的实现方法）手段获取专利或技术,通过消化吸收再创新的方式进行创新。技术研发能力相对落后的国家或企业通常会采用这种创新方式,因为引进创新可以在短期内掌握甚至超越原有的技术,节省大量研究经费的同时弥补技术上的不足,是更为有效的创新方式。

（二）技术创新源的管理

企业技术创新的源头可能来自组织内部的工作人员,也可能来自组织外部的用户、供应商或制造商等。创新源管理的意义在于它既是创新信息的来源,又提供了关于技术创新最初的设想构造和产品原型,对创新源的管理可以促使企业持续不断地创造、利用和扩散新技术。企业实施技术创新要综合考量内外部环境的因素,积极吸收寻找潜在的创新源头,利用网络信息、与相关方直接接触等途径搜寻信息,对创新信息进行分类筛选,挑选有价值且有实践操作性的信息进行创新实践。

▶▶ 1. 企业内部的创新源

企业作为创新主体,很多关于技术和产品的创新理念来自企业内部的员工,尤其是与用户接触的一线营销人员,能直接将客户的需求和诉求反馈给企业,用于技术和产品的研发和升级。同时，企业的研发、管理人员等也会通过不同的信息渠道获知关于技术创新的新思路和新理念，将其反映到企业提供的产品和服务中。

>> 2. 企业外部的创新源

根据创新目的的不同，企业外部的创新源可分为用户创新源、制造商创新源和供应商创新源。

（1）用户创新源

用户是产品和服务直接的体验者，在自我需求的满足上更有发言权，也往往成为创新的源头，比如，用户根据自己需求改善的产品性能或者直接制造出的新产品。对此，企业应与客户建立起积极的信息沟通交流渠道，将用户的产品意见及时吸纳整理，融入新产品的研发中，甚至可以采用与用户同时制造新产品的模式。如此，企业可以更直观有效地把握市场的需求，确定市场的需求趋势和技术发展趋势。

（2）供应商和制造商创新源

作为企业下游的供应商和制造商能够以直接形成技术创新或通过信息影响促进企业实施技术创新，因而企业要寻找和发现供应商和制造商的创新推动因素，为本企业创新创造条件，或者积极与供应商、制造商合作，发掘创新的机会，在互补关系中形成更有效的衔接，开发技术创新的领域。

（三）技术创新的组织模式

技术创新需要借助一定的组织模式对其成本、周期及商业化推广的效果进行管理，根据管理范围的不同，将其分为组织内的职能制组织模式、以创新为职能新设的项目运营式组织模式以及跨越组织边界的网络组织模式。

>> 1. 职能制组织模式

企业有其固定的组织结构模式，技术创新的开展实施需要依据不同的组织模式进行安排以契合技术创新的管理要求。对于按照职能制划分组织部门的企业，信息传递以纵向为主，横向跨部门联系较少，此类企业的技术创新活动应采取"阶段分工、有序接力"的方式；对于按产品、地区和顾客类型划分部门的企业，应进行总部和分部的技术创新区分，分部的创新依然是专业分工、协调接力的方式。职能制组织模式要求各职能部门按照技术创新的支持要求分工协调、各司其职，如此专业化的程度比较高,但同时面临部门之间沟通协调的难题。

》》2.项目式组织模式

项目式组织模式打破了传统职能部门之间的界限,以创新项目组为单位统一进行资源的调配,在项目经理的统一指挥下来自不同专业分工的成员分别从事研究、设计、工艺、生产、销售等工作,共同进行技术创新活动。项目式组织模式有利于使成员彼此之间的信息沟通更加通畅,技术创新的灵活度弹性更大,但由于是临时性组织,成员的组建、经验的传承、项目组的管理和资源调配会存在困难。

在企业中,新产品或者新技术的开发一旦实施成功,一般交由事业部负责运营管理。但在大企业内部还存在项目部升级为内企业的情况。项目组完成技术设计后,为避免团队成员整体脱线单独开拓事业的局面,也为了保持原有项目组的创新优势,企业会将其设立为企业内相对独立的小企业,组织关系上隶属于大企业,在经营管理上却有着更大的独立性。

》》3.网络组织模式

随着企业发展,组织的边界会越发淡化,尤其在技术创新方面,会超越企业的实体界限,借助互联网的虚拟空间组织不同国家和地区、不同技术专长的人进行联合,实施技术创新活动。网络组织模式的优势在于不受传统实体组织的限制,在互联网平台上共享彼此的创新想法,不同的技术专长会促使成员之间碰撞出更多的创新火花,及时有效的反馈能确保技术创新以最经济高效的方式完成。不足之处在于各成员的独立性、缺乏实体的面对面接触,会导致成员之间的协调比较困难以及项目进度的把控难度非常大。

第三节　管理创新

科技发展可谓一日千里,建设创新型国家已成为我国重要的国家发展战略,对创新的管理不能局限于对技术研发的管理,构建有效的管理创新体系有利于提高创新效率、将创新与商业发展成功融合。

在知识经济时代,信息的呈现更加复杂和多样化,技术手段的更迭、产品和服务的多元化、激烈的市场竞争在导致企业内外部环境剧烈变化的同时,也催生管理方式的不断创新。管理创新,也即是管理者根据企业内外部环境的变化对企业的经营思路、组织结构、管理模式和管理制度进行革新,从而创新出资源的更有效配置和整合的模式。

管理创新是组织众多创新活动中的一种,并与企业其他创新活动相互配合形成组织的创新体系。管理是管理主体对管理对象实施管理职能的过程,而管理创新则是为了确保创新活动的开展,实施对创新过程和创新资源的计划、组织、领导和控制,着眼于资源的更有效利用,通过组织其他创新活动的实施来体现其价值。

一、管理创新的作用

管理创新源自企业内外部环境的不断变化,管理创新的目的也在于不断适应企业的内外部环境。促使管理创新产生的外因有激烈的市场竞争、落后的管理方式、经济效益亏损、企业体制改革、经济国际化、技术和产品升级、客户需求变化等,市场竞争、技术变化和企业自身发展的需求不断刺激着管理创新的变化。

企业发展的目标在于追求经济利润,但单纯逐利的管理模式和制度不利于企业的长期发展。创新管理不是为了建立固化的规则和管理体系,而是要建立以创新精神为核心的制度,以变化的制度和弹性的管理不断预测和把握经营环境的变化,实现管理上的不断变革和创新。

管理创新打破原有模式束缚,以一种更有效的方式进行资源整合,提高了资源的利用效率。一方面,管理创新的实施可以更好地促进企业其他创新活动的顺利开展,不断提高企业的创新能力;另一方面,企业的管理创新更能促进企业形成创新的企业文化,培养员工的创新意识,提高企业对变化的适应能力,增强企业的竞争能力。

二、管理创新的原则

管理创新要实现其实质性效果,需遵循一定的原则。

▶▶ 1. 继承原则

实施管理创新,并非对原有管理工具的全部唾弃,即使是设计新的管理模式和工具,也需吸收借鉴原有的管理方式和方法。在紧密结合现有管理方式的基础上,根据实际创新活动的特征进行甄别,将原有落后陈旧或不适用的管理方式进行更换,引入新的管理方式和工具,对原有的管理系统进行创新升级。学习继承和创新发展相结合,更利于企业的可持续发展。

▶▶ 2.适应原则

管理创新的目的在于通过经营思路、组织结构、管理模式和管理制度等的创新,使组织的资源配置方式达到更优状态,管理创新实施效果的检验标准也基于此。盲目进行管理创新或者实施管理创新与组织创新活动不匹配,反而会导致企业发展不能正常推进。这就要求管理创新要适应管理对象的特点和发展要求,选择适宜的管理创新方式,才能达到良好管理创新活动的目标。

▶▶ 3.创新原则

企业不断地与外界环境发生物质、能量、信息的交换,因此对创新活动的管理是一个充满动态和变化的过程;再者,管理创新是通过创新活动的管理效果来体现其价值和存在,因此管理创新的变动性比较大,管理创新体现其创造性的方式就比较独特,创造性发挥的空间也比较大,可以是一种新的管理思路,可以是对组织结构的调整完善,也可以是管理手段的升级等。管理有一定的章法可循,但无既定的模式固化,一旦管理无法体现其创造性的特征,管理创新也就无从谈起。

三、管理创新的内容

(一)创新经营理念

经营理念是企业高层决策者在管理过程中所持有的经营思想和价值判断,是企业进行经营决策、制定业务发展战略和发展计划的准绳。知识经济时代的崛起使得传统工业经济时代的经营理念和管理理念不再适用,经营理念也必然发生变革。再者,管理思想由"物本主义"向"人本主义"的转变、理性管理融入到非理性因素、内部管理为主转向内外部管理相结合等,都促使企业重新思考企业的经营发展理念。

创新的经营理念不仅能引导企业制定正确的业务决策,引导企业的经营行为,还能促使企业不断地发展壮大。企业经营理念制定的正确与否,取决于其是否符合经济发展规律、适应社会进步发展的需要。适应型的经营和管理理念更注重发挥组织成员的主动性和创造性,并通过成员与组织和社会的融合协调,在信息网络中加快自身发展,在协同合作中创造未来。

（二）变革组织结构

组织结构是组织内分工合作的基本形式，是企业各部门之间根据权责划分、工艺流程和信息沟通的情况制定的部门之间的基本构架。变革组织结构是企业为适应外部环境变化和内部发展需求而进行的创新，通过不断调整和改善组织的运作模式，以期实现企业的可持续发展。传统的组织结构大多依据流程进行设计，实施的专业分工和部门划分是组织的基本结构，而过于精细化的分工逐步增加了管理的成本，与信息开放和多变的外部环境也不相适应，因此提高组织柔性、减少组织层级变得至关重要。

企业在进行组织结构创新时，应考虑到组织的外部环境、发展战略、技术和人力资源等因素，实施与企业发展相匹配的组织结构形式。现代化的组织结构逐渐呈现出扁平化、网络化、边界模糊化的趋势，因此在组织结构内部，还可以通过压缩管理层次、成立行动小组等方式提高组织结构的柔性和效率。

（三）调整管理制度

管理制度是对企业管理所涉及的各个基本方面规定的活动框架，比如企业的人员招聘和绩效考评制度，而对这些管理规则进行的改革便是对管理制度的创新。制度是管理的手段，管理制度制定的目的在于约束集体行为，过于僵化或没有约束力的管理制度对企业健康发展都是一种束缚。制度不合理或没有执行力都是管理制度欠缺的表现，需进行相应的调整或完善。

管理制度创新的目的在于降低运营成本、提高运营效率，员工通过合理有序的管理制度为顾客创造价值，增强企业的竞争能力。创新调整后的管理制度的执行需要一定的强制力，否则形同虚设，最后根植在企业的组织文化中，成为良好有效管理的重要保障。制度的变革所引起的企业变化，促进了资源的有效整合，因此制度创新也是管理创新的重要内容之一。

（四）创新管理模式

随着企业知识化和信息化的建设，管理模式的创新也演绎开来。所谓管理模式创新，就是综合性管理范式的创新，使总体资源以更有效的方式进行配置，如企业业务流程再造。管理模式创新的核心在于以市场为中心明确企业的发展目标和竞争战略，以人本主义为核心建立核心价值观和企业文化，以效率和效益为核心不断变换创新管理方法和手段。

无论是调整原有的人员配备、转换部门流程等产生新的资源组合方式,或是设计新的资源组合方式,都形成新的管理模式。设计一种新的管理模式,离不开信息技术的运用,尤其在生产运作管理方面。在计算机技术和网络技术等信息技术的推广运用下,先进的生产管理方法层出不穷,如企业流程重组和虚拟企业管理。管理模式的创新与信息技术相互依存,而如果片面强调信息技术而忽视管理创新,也无法形成新的管理模式。

四、管理创新的路径

管理创新是一个动态化的复杂过程,要实现其科学化,需将管理工具、方式方法的创新运用到创新活动的各个要素和方面,建立起多渠道、多层次的管理创新体系。

(一)机会捕捉

科技与商业发展日新月异,创新管理这一动态过程尤为错综复杂。在企业战略的引领下,及时发现并捕捉潜在机会,能帮助企业更好地发现和占领市场。机会稍纵即逝,充满创新理念和文化的组织更能对信息进行搜索、筛选、甄别,捕捉创新源,启动新的创新管理过程。

机会捕捉的过程包括机会寻找、机会发现、机会分析以及机会捕捉四个阶段,而进行全过程机会捕捉的备选分析工具又包括市场调研、市场细分、头脑风暴、市场定位、SWOT 分析、价值链分析、商业模式分析、麦肯锡"七步分析法"、撰写商业计划书以及向顾客学习。具体来讲,实施创新的企业需要通过市场调研察觉市场需求和技术发展的趋势等信息,根据企业的发展定位区分目前的市场细分状况,结合企业现有的资源和能力确定聚焦的细分市场。这期间会不断地进行商业发展的优势、劣势、机会和威胁的分析,并从价值链的角度定位企业发展,从而借助一系列的工具和商业手段进行信息整理后,撰写出企业发展的商业计划书。

(二)信息收集与问题界定

信息无处不在也不可或缺。在创新管理过程中,信息伴随着创新的实施过程形成信息流,最终成为企业为顾客提供价值的产品和服务。企业发现市场机会后,由于面临着各种风险和不确定性要素,需进一步搜集信息形成对问题更整体全面的认知,为实施创新奠定基础。

面向创新管理的信息需要经过信息收集、测量、计量表达与分析四个步骤。信息收集可采用访谈或问卷等社会调查方法、实验研究方法、文献搜索法、网络信息搜集等方式;信息测量的方式有加总量表、累计量表和社会测量等方法;信息的计量表达需要借助一系列分析和统计资料,并借助一定的图表格式呈现出来;在信息分析阶段,汇集自然科学、社会科学等诸多学科交叉联系的方法均用来进行信息的分析处理,经过数据挖掘和信息处理过的信息,往往成为支持管理者制定决策的有力支撑。

(三)决策工具

决策贯穿管理的各个职能,在创新的管理过程中同样重要,而且由于创新管理的复杂性,创新管理的决策具备了多维性、战略性、层次性和时效性的特征。创新管理的决策过程同样需要经历发现问题、确定决策目标、收集资料、拟定方案、选择方案、执行决策和追踪反馈的阶段,并且是一个动态连续的过程。

创新管理过程中管理者可以运用的决策工具有经验决策和科学决策两个类别,前者主要依赖于管理者的知识、智慧、能力和经验,依托经验和直觉制定决策,后者则在一系列先决条件下区分定性决策、确定型决策、风险型决策和不确定型决策并运用科学的计算准则制定决策。经验决策和科学决策并举,打造创新管理快速高效而又科学化的决策制定过程。

(四)团队设计

创新是兴旺发达的动力,但同时创新也是复杂且充满挑战和风险的,尤其在如今产品、服务、商业模式都迅速转化的时代,团队的力量更能保障创新过程的顺利开展,清晰明确的团队目标、卓越的领军人物以及合理的制度保障是整个团队协力合作的重要基础。远景式合作结构,能够确保团队的成员接受共同的组织目标,以贡献各自的知识储备的方式形成问题引导和解决的团队。可以说,创新型的工作团队很重要的因素在于团队的人员,团队的目标、定位、协调合作、资源共享等,既是实现高效创新团队的方式,也是避免搭便车、创新力不强等诸多问题的关键。

创新过程中团队组建的工具是遵循 SMART 原则制订团队的目标,做到明确、可衡量、可实现、相关且存在时限。当然,基于团队发展阶段和领军人物风格的不同,需要借助管理方格理论、情境领导理论、目标理论进行团队管理者和团队成员的和谐管理。再者,团队成员的组建涉及资源能否高效配置,可依据"管理评价中心"体系进行成员的选拔和考核,也可参考 MBTI 进行性格测试,更好地实现资源与人员相匹配。

(五)资源配置

创新活动是高投资项目,因此资源在时间、空间上的选择、分配和组合对行为主体实施创新影响颇大。作为创新管理的基础,资源配置的目标在于通过资源的有效整合实现创新成果持续有效地最大化产出,即实现帕累托最优。资源在配置过程中要遵循经济效益、社会效益和综合性的原则,具体分配方式可以选择计划配置、市场配置、计划和市场结合进行配置。

从时间和空间维度进行资源配置管理时,空间要素方面要在选址和生产设施方面进行合理安排,类似于产业集群或跨国公司的全球资源配置;时间要素方面要想实现优化组合,可以通过动态规划技术、网络优化技术、准时化管理、并行工程和协同管理来实现。另外,如果从资源要素的角度入手,新兴的计算机技术可以帮助在线性规划、系统仿真和虚拟现实上进行资源的统筹安排。

(六)过程管理

竞争的日益激烈促使企业更多地关注到创新活动以获得竞争优势,而创新活动高风险、高投资的特性也使创新过程管理的重要性逐渐达成共识。创新过程管理以创新过程作为管理对象,以规范化的流程管理实施有效的计划、组织、领导、控制。事实上,良好的创新过程管理可以改善团队沟通质量、提高创新活动效率、缩短项目周期以使创新产品及早投入市场。

创新管理过程的主要目标在于对时间、质量和资源投入的管理和控制。针对时间的创新管理控制,可采用任务检查法、关键事件控制法和网络计划的方法;针对质量把控的创新过程管理,可采用质量功能配置、实验设计、失效分析和六西格玛管理;针对创新过程中资源使用和费用的控制,可采用预算法估计费用的发生,根据预算的安排实施费用划拨确保项目按质按期完成。创新过程管理是系统的、综合的,管理者在每一阶段都需进行项目范围、团队、费用、风险、进度和质量等的层层把控。

（七）风险管理

由于创新活动的复杂性和不确定性，创新存在很高的风险系数，因此成功的创新活动需要进行良好的风险管理。就风险要素而言，创新活动可能面临战略、组织和项目三个层面的风险，因此作为一个优秀的创新管理者，需要在不同层面上都具备风险把控和管理的意识。管理者实施创新过程的风险管理时，需建立起符合企业自身行业特征的风险管理库，针对企业开展的创新项目随时进行风险跟踪和识别，一旦出现风险信息，依据风险管理库立即采取风险分析，对风险的类别、性质、成因等进行甄别和评价，从而采取及时有效的风险应对策略，并且在整个过程中都进行风险跟踪和监控，形成360度全方位风险管理。

创新活动在实施的任一阶段和环节，都有可能出现风险导致创新活动失败，风险把控需要每一位创新活动成员的参与，包括项目管理人员和团队成员。同时，有效的项目风险管理需建立在科学的规划和风险管理机制上，也要充分地利用风险管理的技术和工具，如风险管理图表和风险分解结构图。

第八章　信息化与管理实践

第一节　信息化的含义与作用

一、信息化的含义

"信息化"一词产生于 20 世纪 70 年代,英文为"informationalization"。所谓信息化,就是在国民经济部门和社会活动各领域采用现代信息技术,充分、有效地开发和利用各种信息资源,使社会各单位和全体公众都能在任何时间、任何地点,通过各种媒体享用和相互传递所需要的任何信息,以提高工作效率,促进现代化的发展,提高人民生活质量,增强综合国力和国际竞争力。简单地说,信息化就是指信息在经济活动中广泛被采用的过程,在技术层次上体现为信息技术的推广和使用,在知识层次上体现为信息资源的开发和利用,在产业层次上体现为信息产业的增长。经过几代人的传承,信息化这个词汇已经在全球范围内被广泛使用也得到了人们的赞同,可以说信息化是一个代表全球化、具有鲜明时代特色的象征。联合国教科文组织出版的《知识社会》中就对信息化做出过解释:"信息化既是一个技术的进程,又是一个社会的进程。他要求在产品或服务的生产过程中实现管理流程、组织机构、生产技能以及生产工具的变革。"这个经典阐述不仅仅说明了信息化代表了科技技术的发展,而且也是一个社会发展的产物,是一个社会在发展变革当中必不可少的;信息化在一定层面上也代表了这个时代的生产力,因为信息化意味着有新的技术和更加便捷的生产工具的出现,生产力因此而得到提高,另一方面,信息化还会导致生产关系的变革,信息化下新思想、新技术、新设备的出现,必然要求对原有的组织流程和管理方式进行改变,促使进入到一个更加理想的发展轨道。

信息化是人类社会发展阶段中一个更高级的阶段,我们比较熟悉的可能就是信息化所带来的数字化,它与人们的生活和工作息息相关,为我们创造了一个数字世界、虚拟世界,不管是文字、数据、图片、视频、语音等都可以在这个虚拟世界中发挥巨大的作用,我们既可以将现实社会映射到虚拟世界,又可以将虚拟世界经过加工、整合转换为现实社会,两者互为交换,相互补充。其实,信息化可以有很多分类,按照信息化所牵扯到的领域可以分为宏观信息化和微观信息化。宏观信息化包括国家信息化,是指国家在工业、农业、国防等各个方面的信息化建设;产业信息化是指在制造业、金融业等现行主要行业的信息化;社会信息化是指在教育、医疗、文化等方面的信息化。微观信息化就是我们接下来所要研究的企业信息化,在这里,下文中所讲的信息化主要就是指企业信息化,研究的问题就是企业信息化与管理之间的关系。

企业信息化还没有一个公认的定义,有观点认为企业信息化是企业运用信息技术和先进管理方法对企业产品进行再设计,对产品生命周期进行优化,包括对产品需求和市场结构的分析、品牌的策划、产品的细分、研发等,以使企业对市场的适应性和把握性更强,并最终赢得市场。我们认为这种观点不够全面,企业信息化不应该只关注于产品,企业信息化应该是以最先进的理论为指导,在企业的生产、经营、管理中综合运用现代化信息技术,最大限度地把企业内外的各种资源调动起来,提高企业的生产、提升企业的经营能力、变革管理,促进企业的组织重构、业务重组,实现企业的信息化运营,获得高的经济效益和核心竞争力。企业信息化具有的特点:

(1)信息化是以管理为基础的,而不是以信息科技技术为根本的,通常所说的网络技术、高科技等都是实现信息化的手段,组织的领导者应该区别开什么是本什么是末,让信息化更好的促进管理。

(2)信息化所包含的内容是不断变化更新的,因此信息化对于管理的作用也是随时改变的,管理思想和管理方式要随信息化的更新而更新。

(3)信息化在管理中的一个最重要的作用就是实现信息的共享,通过信息化独有的特点把组织所需要的信息准确无误的传送到领导者手中,领导者再对传送来的信息进行分析和整合,为组织做出正确的决策。

(4)信息化建设是一项全面的、系统的工程,牵扯到管理的各个方面,不论是计划、组织、领导、控制等都会涉及,而且也包括组织战略、财务、客户关系等方面,领导者要综合协调各个方面,实现组织内外有机的结合。

信息化与管理各方面结合,主要表现为几种典型的形式。数据信息化,组织不仅可以把组织内部的经营数据、盈利水平、费用控制以及人事资料、规章制度等的信息输入电脑,还可以把市场调查、产品定位分析、竞争对手预测、供应商信息等企业与外部的联系状况存入电脑,实现数据的网络化和云存储;生产过程信息化,是指把先进的信息技术应用到企业的生产制造过程中,用智能化、自动化控制生产系统,解脱以往主要靠人来操控的系统,这样不仅能够提高生产效率,而且产品的标准化和质量也提高了;设计信息化,主要是指对产品和组织流程的设计,比如现在比较普遍使用的计算机辅助设计(CAD)系统,实现了产品网络化虚拟设计,既节省了成本又可提高设计的质量;市场经营信息化,信息化的时代打破了传统的企业经营地域性的限制,特别是电子商务的兴起,企业可以通过网络平台与世界各地的商家合作,拉近了企业与客户的距离,企业可以通过客户的反馈及时对经营方式和产品等做出调整;管理信息化,这是一个向管理要效率的时代,那么管理除了要以先进的理论为指导外,必须实现信息化,从根本上解决效率问题,比如组织可以应用辅助决策系统(DSS)、企业资源计划系统(ERP)以及供应链管理系统(SCM)等,提高决策水平,真正实现从管理中提高效率。

二、信息化的作用和影响

21世纪是信息化的时代,它以自己独有的方式发挥着巨大的影响力,它所采用的高科技技术冲击和改变着原有的社会运作模式,融入到了社会生活的方方面面。对于一个企业或者组织来说,影响力更是前所未有的,它改变了企业之间的竞争方式、物资流方式、资金筹集运作方式、经营销售模式甚至是人员招聘、培训的渠道,促使组织不断对竞争战略做出调整,适应新的变化。经过归纳总结可以把信息化的影响分为对组织外部环境的影响和组织内部的影响,而信息化的作用主要是在推动组织发展中所体现的。

(一)信息化对组织外部环境的影响

➤➤ 1. 信息化环境的形成

信息化的发展,尤其是网络的发展,使得人与人之间变得越来越近,世界变得越来越小。同时,企业所面临的竞争也在无形中被变大,大多数企业已经接受了信息化时代的竞争,投入到信息化建设当中,这也促进了信息化环境的形成。他们已经认识到自己所处的不仅仅是经济环境,而是信息化环境与经济环境相结合的统一体。

➤➤ 2. 行业竞争结构的变化

波特的五力模型给出了决定一个行业竞争程度的五个因素,分别为现有竞争者的竞争、潜在进入者的威胁、替代品的威胁、买方讨价还价能力和卖方讨价还价能力。这五个方面的影响越大，行业的竞争程度越大。信息化既给企业带来机遇也带来挑战，机遇是企业可以利用信息化增大自身的竞争力，挑战是在信息化下对于以上几个因素的作用力无疑被增加了。信息的传递和共享，使得各个行业的整体透明性越来越高，竞争者与潜在进入者都对市场有了更深的把握，随时根据市场和对手的变化采取应对措施，很多企业面临被淘汰的危险。另外，客户和供应商也在随时观测整个行业的动向，信息传递越来越对称，增大了他们讨价还价的能力，企业由利润主导逐渐转向顾客主导的经营方式。

▶▶ 3. 外部需求行为的改变

信息化已经是大势所趋，网络也已经走进寻常百姓家。电子商务的兴起不仅给企业带来新的发展机会，也极大地方便了人们的生活，网络已经不再是年轻人独有的标签，已经成为大多数人生活的必需品，他们已从传统的消费方式转变到网络消费方式，需求行为发生了很大改变。

▶▶ 4. 组织间合作方式的改变

信息化为组织合作开辟了新的渠道，组织间的交往不再只是靠签订合同，线下沟通洽谈，通过线上广泛的信息流，组织更容易找到自己合适的合作对象，以虚拟组织的方式存在，既简化了流程、缩短了交易的时间，又可以更快地把自己的价值链延伸到其他合作组织当中。

（二）信息化对组织内部的影响

研究信息化对组织外部的影响是为了更好地实现组织内部的管理，然而信息化对于组织内部的影响可能会更加细微、更加广泛。

▶▶ 1. 管理思想的更新

信息化所带来的不仅是技术和生产方式的变化，也改变了人们的思考方式和行为观念。在一个组织当中则主要体现在管理思想的变化，可以想象从以前的工业社会到现在的信息化社会，有过多少管理理念是应运而生的，虽然有些管理理念现在仍然在使用，但是我们要结合信息化社会的特点加以创新和改革，使它们更好地为我们服务，成为行动的指导方针。比如，信息化下所产生的虚拟组织、学习型组织等管理思想，都是时代的产物，都是以现代计算机和网络的发展为前提。

2. 组织结构的变革

传统的组织结构随着组织规模的扩大已经不能够适应组织的发展,在传统方式下,组织人员增加就要相应的扩充机构,或者因为管理幅度的限制而导致组织层级过多,这些都桎梏了组织的成长。信息化下使得传统的等级组织逐步向全员参与、水平组织、模块组织等新型组织方式转变,管理幅度也冲破了传统管理模式的限制,垂直的层级中所存在的众多中间层也可以适当取消,因为上级可以通过信息化下所建立的新型组织直接向下属宣布决策、分派任务,组织朝向扁平化方向发展。

3. 增强管理功能

运用信息技术进行管理已经成为现代管理的重要途径。通过信息化可以把各种管理职能进行结合,最大限度地发挥出每种职能的作用,促进组织业务的良性重组,而不是把每个职能都孤立开来。通过信息化还可以增强每种职能的作用,在原有功能的基础上进行扩展,比如网络营销,不仅包括销售产品,还要包括维护品牌、客户反馈、售后服务等方面。

4. 管理方式的改变

管理方式本身就是随外部环境和内部状况的变化而变化的,在领导职能中讲过没有一种最佳的领导方式,最好的领导方式是权变的领导方式,是因情境不同而变化的。管理方式虽然不完全等同于领导方式,但是和领导方式一样,都必须随情境的不同而变化。信息化下的管理方式要更加多变更加具有艺术性,管理者和下属的距离变得越来越近,组织内部的沟通和协调已经不再受地域和时间的限制。

(三)信息化对组织发展的作用

通过以上的分析可以知道,信息化对组织内外的影响都是巨大的,它与管理相融合,使组织具有更强的运营力,提升了组织的竞争力,对组织的发展起到推动作用。

1. 降低企业成本,提高竞争力

信息化与组织各方面的活动相结合,不仅优化了组织的结构,而且显著降低了组织的经济成本。组织运用计算机辅助设计和制造技术可以大大减少在新产品研发和设计上的费用,同时在后续产品更新和换代时,大幅度降低了对现有产品进行修改和增添新性能的成本;在生产制造上,新技术下的柔性生产线可以适应多种产品的生产,库存控制的数控化,可以实现最优的存货量,不仅减少了存货量而且降低了管理费用;在组织计划的制订、决策的选择、激励措施、沟通渠道、反馈方式以及人员、财务控制上,采用计算机和网络技术既可以提高质量又能够提高效率,降低了管理成本;在组织之间的合作上,通过电子商务可以迅速准确的找到自己的合作伙伴,打破了地域上的限制,降低了组织的机会成本和交易成本。组织成本的下降实质上是新技术的广泛应用和对信息的开发、整合所导致的,它将随组织规模的扩大产生管理规模效应,提高组织的持久竞争力。

》》 2. 加快产品和技术创新,提高差异化

由于信息传递的广泛性和快速性,使得全球的知识、技术得到跨国别、跨地域的流动,一个国家或者组织研发出了某种新科技、新事物,其他国家或组织可以迅速跟上他们的步伐进行革新创造。在企业层面,因为信息化导致企业与供应商和客户的联系加深,沟通形式的多样化可以更完整、更准确的表达双方的要求,组织与他们建立了高效、快速的联系,从而对市场和消费者动态有了更快、更深的把握。通过将这些动态变化迅速准确地提交给决策者,针对他们的要求及时对产品进行再设计和创新,生产出能够满足消费者需求的产品,并且提高产品的差异化特点,防止竞争对手模仿。

》》 3. 提高组织的服务水平

组织的服务水平体现在两个方面,一是为组织内部人员服务的水平,二是为组织外部人员服务的水平。现代管理强调人是一种宝贵的资源而非实现组织目标的工具,把员工看作是合作伙伴而非发号施令的对象。那么要想提高组织的服务水平,必须要先提高为组织成员服务的水平,只有他们满意了才能提供令别人满意的工作。信息化下使得对组织成员的关怀和激励更加多样化,领导者可能仅仅通过一封电子邮件就可以调动起员工的工作激情,一场视频会议也可以给员工很大的自由空间,这些都会令员工感到满意。在为组织外部人员服务上,传统的面对面方式、电话咨询、服务网点等已经不能满足人的需求,而互联网的应用使得企业可以应用更多的即时通讯工具对客户的反馈进行回应,还有电子邮件问询以及网络的自助式在线服务等,都提高了组织的服务水平。

很明显,信息化对组织发展的作用远远不止以上这些,可以说,它将发挥越来越重要的作用,对管理工作的影响也将越来越大,必将成为提升组织竞争力的主要来源。

第二节　信息化与企业的内部管理

一、信息化与管理决策

(一)现代管理决策面临的挑战

从管理者的角度来说,决策是其管理工作的最核心的、基础的工作,作为一名管理者无时无刻不在与决策打交道,从计划的制订开始,管理者就要在众多的方案中选择正确的组织目标和组织战略,然后设计组织结构、决定人员安排,在行动中决定是否要对员工进行激励以及激励方式的选择,事后还要决定采取的反馈方式和改进方法等。可以说,管理者一半以上的时间都是在做大大小小的决策,因此西蒙说"管理就是决策"也是有其道理的。然而信息化时代给决策带来了更多的要求,对决策的质量和速度都有了更高的标准,现代管理决策主要面临的挑战如下:

>> 1. 决策要求的质量更高

传统的决策质量相对比较低,决策的方式也比较粗放,不管是对决策前的市场调查还是决策时的数据分析,都相对比较模糊,不够具体,方向也不是很明确。信息化下各个组织和企业对市场的行情和自己产品的定位都有了更深层次的了解,那么必然对起着至关重要作用的决策提出了更高的要求,决策不应该只是管理者自己的事情,而应该集聚所有组织人员的智慧,改变以往以组织经济利益为前提的决策标准,更多地考虑长远战略,建立起以品牌为中心、以客户为主导的决策标准,努力提高决策的质量。

>> 2. 决策涉及的因素更多

决策本身就是一个涉及多方面因素的行为,就如平常去商场买一台电冰箱一样,在买之前你先要去不同的商家询问,要考虑这几个商家的位置是否方便自己,然后要考虑电冰箱的价格高低、是否省电、容量大小、制冷能力、售后服务等,还要向自己的亲朋好友咨询建议,最终综合各方面因素决定是否要买。在信息化下,这个小例子当中要考虑的因素可能还要有是否能够自动控温、开关门能否感应开灯、能否遥控等,充分说明了信息化导致决策要考虑的因素增多。对于一个组织来说更是如此,信息化下资源更加丰富、信息更加复杂,做出一项正确的决策要参考众多的因素。

▶▶ 3.决策速度要求更快

现在的社会已经不是大鱼吃小鱼的时代,而是快鱼吃慢鱼的时代,一个决策缓慢行动迟缓的组织早晚是要被市场淘汰的。以往对于信息的搜集、数据的分析明显过于缓慢,而面对筛选出来的众多可能性方案,又要经过漫长的验证和预测才能确定最后采取哪一种,即使这样能够得到最佳的方案,但是等到实施时可能外界情况又发生了变化或者别人早就抢先自己一步赢得了市场,这样的决策是没有用处的,组织事事落后于别人,缺乏自己的判断力。所以在保证质量的前提下,迅速做出决策是关键。

▶▶ 4.决策失误的代价更大

现代管理的各个职能之间已经形成了有机的结合,计划方案的制订往往和组织流程的安排同时进行,企业当中的采购、生产、销售、服务变得越来越密切,某一环节出现问题都会带来连锁反应,迅速波及到其他环节。同时,由于各方面执行的速度都很快,一旦决策命令下达之后,整个组织可能都运作起来了,如果这个时候发现决策失误,那么修正决策就意味着改变整个组织的行为,所造成的损失可能是以前的几倍,所以决策失误所带来代价是非常大的。

(二)信息化对管理决策的影响

管理决策的做出是依赖于所搜集到的信息,搜集信息的速度快慢以及信息质量的高低将直接决定所做出的决策的水平,一个搜集信息迟缓,信息质量良莠不齐的组织,是很难做出高质量决策的,要想保证信息的有效性和质量必须借助于信息化的工具。同时,借助于信息化来做出管理决策,改变了以往的那种决策做出的方式,管理者更多的依靠于科学的、民主的方式,通过信息化的管理系统帮助做好决策,信息化对管理决策的影响主要表现为:

▶▶ 1. 信息化对管理决策的预测导向作用

信息化对管理的预测导向作用主要体现为电子计算机能够汇聚大量的信息，通过对这些信息进行有针对性的筛选、整理、综合，找出那些对企业做出决策有帮助的信息，在进行决策时通过综合筛选的信息对决策的结果进行预测，提前预知达到的目标是否符合既定的要求，在决策中遇到难以选择的问题时，还可以把信息转换为数字、图表等直观性的内容，可以对决策起到引导和促进的作用，尽量做到胸中有数，避免盲目性和主观性造成决策失误。

▶▶ 2. 信息化对管理决策的验证改进作用

组织不可能一开始就能够做出所有的决策，也不可能保证所有的决策都是正确无误的，那么就需要在组织运行中随时检查决策的正确性，确保组织按照最初的意愿运行。信息化所带来的庞大信息群，不仅可以持续不断的搜集、监测市场和组织运行的情况，还可以快速准确的将信息反馈给组织，为组织提供许多有指导意义和参考价值的信息，决策者通过将这些反馈信息与之前预测的情况进行对比，来验证当初的决策是否正确，对决策中存在的问题和模糊的地方进行改进，完善管理决策，然后再实施改进后的决策，投入到下一轮的验证、改进当中，这是在信息化背景下对管理决策质量的重大提升。

▶▶ 3. 信息化对管理决策的稳定、连续作用

信息化时代相对于传统时代来说在提供信息方面更加完整、全面，一般不会因为信息的缺失而导致决策的不稳定性。虽然信息化导致管理决策所考虑的因素变多，但是同样也使做出的决策更具有针对性，这样的决策一经做出，就会转入到对决策的信息跟踪阶段，特别是对于影响决策的关键因素，通过及时的反馈，避免组织运行出现大的动荡，确保了管理决策的稳定性和长期连续性。

▶▶ 4. 信息化使管理决策低成本、高效率

数据和信息将在企业的发展中起到越来越重要的作用，信息化时代、大数据时代的到来使得企业能够把足够多有用的信息和数据保存起来，对它们进行归纳整理、分门别类的储存，而且强大的搜索功能能够迅速精确地找到所需要的信息，为管理决策的做出节省了大量的人力成本、时间成本。同时，对于一些程序化决策，通过计算机程序的运行可以完美实现，减少了决策者在一些不必要的事情上

分散精力、浪费时间,还可以提高决策的效率,这样就可以集中精力应对更多的不确定性决策。另外,决策的方式应该更加民主,因为信息化下组织成员的眼界更加开阔,可以为组织提供众多有价值的信息供决策者参考,这在一定程度上提高了员工的参与度也提高了决策的效率。

综合来说,信息化使得管理决策可供选择的方案增多,检查评价和反馈处理的效果也更加明显;决策的过程更加地科学化和客观性,可执行性也更强;信息化下的决策更多的是群体决策、理性决策、非程序化决策、非确定型决策以及满意化决策。决策更多的借助于决策支持系统的帮助来实现,所谓决策支持系统是建立在数据库信息流上的智能决策系统。它可以提供给决策者所需要的信息、数据、资料,协助决策者发现并界定问题以确定组织的目标,同时帮助拟定备选方案,按照决策者的要求进行智能筛选、判断,计算出每种方案所需的各种成本以及可能达到的效果,最后确定方案。在决策实施之后进入信息跟踪反馈阶段,通过人机对话的沟通检验决策者的假设和要求是否正确,从而实现支持决策的目的。可以说信息化不仅使决策的质量和效率提高,同时也提高了决策的艺术性。

二、信息化与管理组织

组织是管理的第二项职能,发挥着重要的作用。组织内人员的安排、部门的协调、组织目标的达成等都需要在组织的带领下才能够完成。而组织结构之于组织就如同人的骨骼系统之于身体,对于企业的发展是必不可少的条件,为了建立一个完整的、健全的、运行流畅的组织,管理者就要有效地开始组织工作,充分利用信息化的背景,使之与组织完美的结合,发挥出更大的能量。信息化对于组织的影响是多方面,主要表现在对组织任务环境、组织战略、组织规模的改变上,进而影响组织结构,使组织发生重大变化。

(一)信息化对组织环境的影响

组织是一个开放的系统,要想完成组织目标,组织就需要与组织环境进行信息和物质的交换,没有一个组织是完全封闭的,也没有一个组织是不受环境影响的。一个能快速适应环境、对环境变化能够及时做出反应的组织,必然是一个成功的组织,然而面对复杂多变的环境,组织也不是无能为力的,至少组织可以通过特定的条件加快与组织环境的联系,提升它们之间的信息和物质交换的速度,而信息化就是其中一种特定的条件。

本章开篇就已经讲过波特的五力模型,它使行业之间的竞争结构发生了变化。在这里用波特的五力模型分析信息化对于组织环境的影响仍然是非常有必要的。因为这五种因素作为企业接触最多、联系最多的因素,企业信息化的发展必然会对他们产生较为重要的影响,改变这五种因素的作用力大小。这具体表现在,随着现代科技的高速发展和信息传播的加快,使行业内的进入壁垒越来越少,一旦出现利润较高的行业,就会迅速招来进入者,而且他们借助信息科技技术,能够迅速追赶上现有者,抢占一定的市场份额。再加上先进技术的应用,特别是计算机辅助设计系统(CAD)、计算机集成制造系统(CIMS)、全能制造(HM)、全球制造(GM)等技术的引入,企业可以轻松的模仿竞争对手的产品,并且还能增加新功能,这导致替代品层出不穷,使企业所处的环境更加复杂。随着信息化的发展,顾客对各种产品的了解更加深入,不断出新的产品也使顾客眼花缭乱,他们在挑选产品的时候不仅提出了更高要求而且个性化的需求越来越多,对同类产品的对比和判断致使他们议价的能力不断提高。另外,供应商的议价能力在逐渐下降,这是因为信息化带来的低转换成本,使企业可以在可控成本之内任意挑选供应商,减少了对他们的依赖,同时,市场上专业化的生产越来越多,供应商之间竞争严重,使他们的竞争能力降低了。

信息化使各方面的信息更加的透明,信息的不对称性越来越小,这在一定程度上也增加了组织环境的复杂性和不稳定性。企业应该充分利用信息化带来的有利一面,加强与其他企业和客户之间的信息共享,提高自己与组织环境的交换能力,以谋求相对稳定的组织环境。

(二)信息化对组织战略的影响

信息化的发展不仅影响了组织所处的环境,而且影响的范围已经扩展到组织战略的制定,一方面组织良好战略的制定是信息化得以顺利展开的前提条件,没有战略方面的支持信息化得不到快速发展。另外,信息化已经成为组织战略制定的有力工具,没有信息化的帮助,组织很难制定出正确的战略。

早期信息化的应用主要是日常的业务处理、数据分析、存储资料等,随着不断地发展,这已经远远达不到组织对信息化的要求了。企业已经进入知识管理阶段,信息化也走进组织战略制定的层面。组织战略的制定要综合 SWOT 分析中的几个因素,透彻地分析组织外部的机会、威胁,与组织自身的优势、劣势,充分掌握必要的信息,以减少战略制定过程中的不确定性,信息化是减少这种不确定性的主要手段。信息化对战略的影响按照战略分类的不同表现在两个方面,首先,是对一般战略的影响,纵向一体化战略和相关多元化战略是两种经常使用的战略。纵向一体化战略是指企业在原有生产的基础上,向上游原料供应扩展与向下游销售服务扩展的战略,相关多元化战略是指企业进入到与现在业务相关联的行业,能够共用生产资料和设备等,以谋求更多的利润。然而这两种战略的实施给管理带来了极大困难。信息化的实施解决了这个难题,它带来的扁平化组织能够加大管理幅度,减少管理层级,将组织冗杂的机构去掉,不专业的工作外包,促进了一体化战略的实施,而相关多元化战略则更多地转变为集中化战略。其次,是对竞争战略的影响,主要论述对总成本领先战略和差异化战略的作用。总成本领先战略的核心就是以低于竞争对手的成本来抢占竞争优势,信息化对成本的影响主要是先进技术的应用带来的高效率以及为避免企业搜集资料而浪费的时间成本、管理成本等,从采购到销售一系列的自动化,为总成本战略的实施奠定了基础。差异化战略是信息化的必然结果,信息化之下的竞争更加激烈,企业可以反过来应用信息化,实现市场的精确细分、产品附加功能的设计、个性化产品等。

(三)信息化对组织规模的影响

信息化对组织规模的影响可以从对实体组织规模和虚拟组织规模两方面来分析。在传统的实体组织规模中,企业会因为组织规模的扩大而实现规模经济,企业的产出和利润随着生产要素投入的递增而增加,企业的成本随着投入要素的递增而减少。但是产出的增长并不是无限的,达到一定平衡点之后再投入生产要素就会形成规模不经济,成本逐渐上升。另一方面,组织规模变大之后,组织应对环境变化的能力急剧降低,可能会因为新产品的更新换代而浪费原有的设备、技术等,这大大增加了企业承担成本的风险。在信息化的环境下,这些问题得到不同程度的解决。随着高科技在企业的应用,企业的生产设备、制造设备等都采用柔性技术,控制操作采用可安装的程序执行,缓解了企业因规模扩大而承担成本的压力。从组织内部运行来看,信息化采用的网络以及科技使组织内的协调和沟通更加便利,生产和服务更加规范,成本也相应降低。但是信息化所面临的环境多变,竞争加剧,企业规模的大小还要综合考虑转换成本、外部交易费用、管理费用等。

虚拟组织是伴随信息化而来的,是实体组织的延续。虚拟组织有两个含义,形式上的虚拟,这是指企业员工打破了空间地域的限制,利用互联网来沟通合作,为组织工作,他们可能分布在不同地域,但是都有一个共同的组织目标。信息化能够促使这种虚拟组织规模不断变大。第二个含义是内容上的虚拟,是指多家相互独立的企业之间通过信息技术联系起来的临时性组织,他们之间相互信任、合作,发挥自己的核心优势,共享技术、信息,分摊成本,共同研发产品并推向市场。一旦项目完成,该组织就自然解体,这样的虚拟组织可能比实体组织大几倍,他们形成的战略联盟实现了资源的最佳配置,使每个企业都能提高竞争力。

(四)信息化对组织结构的影响

信息化对组织结构的影响是多方面的,可以从信息化对组织环境、组织战略、组织规模这三个方面的影响探讨对组织结构造成的变化。信息化使组织环境变得更加复杂,面临的不确定性增多,组织要想提高自己的反应速度和应变能力,就必须增加组织结构的柔性,使之能适应不同的状况。另外,信息化带来整合性和共享性,改变了以往部门之间的合作方式,组织结构更加趋向于一种扁平化、网络化的发展方向,极大减少了一些没有必要的部门和职位,使组织的反应速度得到很大提高。组织战略的正确制定需要准确的、快速的信息支持,而扁平化组织对于信息的保真性更好,组织自然就会减少一些机构和部门,以求获得更加准确的信息。但是,扁平化组织的工作效率和信息传输速度没有高耸型组织结构快,随着信息化水平的提高,逐步走向网络型组织结构,具有多个信息传输中心,既提高了信息传输的准确性,也提高了传输速度。信息化导致的组织规模的扩大,必然会导致组织结构权力的重新划分,信息化下管理幅度增大,信息流动速度也加快,这就要求赋予下级管理者更多的职权,降低上级对组织的控制,以往那种直线制、职能制的组织结构已经不能应对复杂的工作了。

信息化下组织结构的重组、再造对组织的发展起到至关重要的作用。比如信息化所带来的业务流程重组,它可以利用信息化减少或替代流程中的人力,将流程双方直接联系起来,减少中间过程,能够快速的跨地区传输和分享信息,密切监控流程的状态、输入和输出,随时精简不必要的环节和机构,将非结构化的流程转变为结构化流程,实现了内外部资源的有效整合。

三、信息化与人力资源管理

有位企业家说过:"现代社会中,企业的竞争就是产品的竞争,产品的竞争就是技术的竞争,技术的竞争就是人才的竞争。"在市场竞争日趋激烈的情况下,要想拥有长久的别人赶超不上的核心竞争力,只有靠人才。因为信息化的环境下,高科技已经不是某一企业的代名词,拥有高科技先进生产技术的壁垒越来越少,而且信息流通的速度更快,此时的高科技可能转眼间就跟不上行业潮流了,如果企业只是盲目地追求信息化,而忽视了创造信息化的人,不仅会带来巨大的成本,而且使企业人才流失。因此企业必须做好人力资源管理,特别是信息化对人力资源管理带来较大的影响,企业应该结合信息化规划好人力资源管理的工作,实现以人才取胜的战略。

信息化首先导致了人力资源管理模式的变化,传统的人力资源管理对于组织的分析、设计已经不能应对现在的挑战,基于信息化、网络化的人力资源管理模式应运而生。比如,以全面人力资源管理、面向顾客为导向等观点的信息化新型人力资源管理模式,他们应用先进的硬件和软件设施,对信息处理加工,利用集中式信息库自动化处理,使信息化与人力资源管理的过程融为一体,对人力资源管理中的绩效管理、薪酬管理、培训产生了较大影响。

(一)信息化对绩效管理的影响

一般来说,人力资源管理中最困难的就是对于绩效的考核,一方面绩效考核所涉及的因素非常多,对于一些细节和规则的制定非常繁琐,既要考虑组织的实际情况,又要参考组织成员的个人状况,有哪一条没有涉及或者设计的不合理,都会导致考核的不完整,引来员工的不满。另一方面,绩效考核主要是对人的考核,每个人都十分关注,对自己的考核结果非常敏感,常常根据自己的主观判断与组织做出的评判进行比较,稍有不合意就会引来怨言。而通过信息化建设,特别是建立绩效管理子系统,可以显著提高绩效考核的可信性和正确性。在该系统中应该包含所有绩效管理的内容、详细的绩效考核细则和参数标准、员工任务记录、标准管理、绩效考核评估等。比如企业中常用的平衡计分卡,它将传统的财务评价与非财务的经营性评价综合起来考核,以企业经营成功的关键因素为标准,建立的一种包含财务绩效、顾客服务、内部业务流程、组织学习和成长能力的考核方法,在没有信息化的时候,要想搜集到这些信息并做出正确的分析是非常困难的,但是应用信息化,只需让各个部门把该类信息上传到绩效管理子系统当中,系统按照设定好的程序对数据进行分析,按照不同的权重进行自动化加权计算得到每个人的绩效考核结果。每个人可以用自己的账号登陆内部网络查看自己的评价结果,针对不同方面进行相应改进。信息化使得考核更加地公平、公正,既节省了时间,又能提高员工满意度。

（二）信息化对薪酬管理的影响

经过合理的绩效考核之后，薪酬管理便有了评判的基础和标准，通过将绩效考核得出的结果输入到薪酬计算公式中，系统便能快速得出员工在绩效中该得的报酬，这相比以前人工计算的方式，既节省了时间又保证了准确性。同时信息化带给薪酬管理的不仅是绩效结果的便利性，也非常容易的就实现了薪酬管理的多样化。现在企业中的薪酬应该力求多样化，丰富化，可以充分利用信息化设定薪酬预测公式、员工福利测算模块等，让员工参与到自己薪酬的管理中，比如企业可以设定多种福利，员工根据自己现在的需求情况合理选择自己的福利，制订自己在一定时期内的薪酬计划，按照传统做法，人力资源部门的工作量是非常大的，很难实现。但是通过信息化，员工可通过薪酬管理子系统设定好的项目进行选取。

（三）信息化对组织培训的影响

信息化对组织培训的影响主要体现在培训的方式和培训的内容上。计算机和网络的发展使人们之间的沟通方式发生了极大变化，网络社交、媒体教学、在线授课等培训方式比比皆是，这极大方便了员工的学习和培训。企业可以摆脱以往开会式的培训方式，利用网上视频教学和在线培训的方式开展培训，不仅使培训更加有趣，容易被人们接受，而且不再受地域的限制，给了员工很大的自由空间和思维想象空间。在培训的内容上，企业不仅可以把自己的企业文化、理念、经营方式以电脑虚拟的形式表现出来，还可以参考同行业不同企业的优秀文化，让员工全方面地了解，提高他们的应变能力。企业可以利用信息化建立培训资源管理，包括培训的图书、视频、音像，每次培训的主题、内容以及培训的讲师和培训考核题库等，这样既有利于员工查询资料，也为组织节省了培训的费用。同时，新员工入职培训的时候，可以参考这些信息，为新的培训奠定基础。

信息化的人力资源管理应该通过一定的技术手段帮助员工制定他们个性化的职业发展规划，企业可以预先设定职业发展预测系统，从招聘员工开始就帮助他们规划。在招聘阶段，企业不能只是为了招人而招人，而是要招到合适的人，运用网络，加大企业的文化和理念宣传，增加网络笔试的步骤，可以是技能方面也可以是素质方面的考试，这样既可以省掉以后的部分培训也可以筛选出合适的人。在工作中员工要定时在系统里输入工作感受和满意度，企业要根据它们的变化来合理安排他们的职位，减少令员工不满意的因素。这样员工一步步认识自己，最终制订出自己的职业发展计划,提高他们的工作激情和满意度。

四、信息化与企业文化

信息化对企业文化的作用主要表现在推动企业文化的变革上。企业文化是组织成员共有的一种认知与行为规范,他们拥有某种共同的价值观,而且这种价值观是根深蒂固不易改变的,对组织成员的思想和行为产生深远影响。一般来说,组织文化在企业开始建立时就慢慢形成,要想变革企业文化是非常困难的,会有来自组织内部和外部的各种阻力。但是信息化的建设可以大大推动组织文化的变革,因为企业实现信息化这本身就是在建立一种新文化,信息化推动企业文化的变革主要表现在促进物质文化、行为文化、制度文化、精神文化的变革上。

(一)信息化对企业物质文化的影响

所谓企业物质文化主要是指企业生产制造、产品设计、管理沟通等所使用的设备和设施,它是一个企业最表层的文化,也是相对来说最容易变革的文化。企业信息化的实施首先作用的就是物质文化。第一,信息化的建设必然会革新除旧、更换企业的设备,比如一些主要靠人工控制的生产设备和产品开发工具等,以网络和软件程序为主的设备成为主流。第二,通过信息化设备企业之间的沟通不再局限于面对面的形式,即时通讯工具、远程视频、在线指导等工具的应用,丰富了企业沟通的渠道,另外网络技术的发展,促使许多企业转向电子商务以及手机移动端的服务,为企业带来了新的营销渠道和利润增长点。第三,企业通过计算机和网络技术可以随时监测市场和顾客的变化,应用各种预测软件数据作为参考,及时对变化情况做出反应,在必要的时候还可以和其他企业形成虚拟组织。第四,实施信息化的企业在基础设施上进行了革新,那么必然要求企业中具有应用这些设备的优秀人才。信息化加强了内部组织人员学习新知识的能力和应变的能力,促进了他们自我上进,自我发展。

(二)信息化对企业行为文化的变革

企业的行为文化是企业组织人员各种行为所形成的文化,这不是指一个组织成员的个别行为,而是组织之内一种共同的行为,其他个别不同的行为也会因为这种共同的行为习惯而受到不同程度的影响。这种行为习惯主要包括日常行为和工作行为这两方面。信息化使员工的日常行为发生了很大变化,他们可以利用互联网进行聊天娱乐,增加员工之间互动的机会,邀请志同道合的朋友讨论问题,在下班之后可以上网浏览企业的动态信息和市场行情的变化,可以关注各大新闻媒体的报道,及时了解行业内外以及国家政策发生的变化等,利用信息化员工既能娱乐又能学习到有用的东西。每当企业推行新技术或者新模式的时候,企业内员工的工作方式、工作行为便要相应做出调整和改变。信息化的建设是一项系统和全面的工程,每个人都要认真对待,及时转变自己的思考方式和行为习惯,推动信息化的建设。比如企业推行实施 ERP 系统,这是与传统企业经营方式完全不同的,企业的人力资源管理、采购、库存管理、生产计划、财务管理等都需要由计算机来操控,只有很少的人工进行参与,员工不得不改变以前熟悉的工作行为,由原来工作的随意性、主观性过渡到信息化环境下的规范性、科学性,开始学习新的工作方法。

(三)信息化对企业制度文化的变革

企业制度文化包含三个方面,企业组织机构、企业领导体制、企业管理制度。企业组织机构的设定是达成组织目标完成组织任务的保证,没有各个组织机构之间的良好配合与合作,企业是无法正常运行的,传统企业中组织机构的设置一般比较多,导致组织效率的低下,通过信息化,企业的组织机构越来越少,去除了一些功能类似的部门,逐渐向着扁平化、网络化发展,加快了组织运行的速度。在处理紧急情况时企业还可以成立基于网络的虚拟组织,减少了单设机构的费用和麻烦。企业领导体制是随着组织机构的变化而变化的,信息化下的领导者应该更多的授权给下属,让他们充分利用信息化所带来的便利性和科学性进行工作事物的决策、计划和控制等。企业最下层的员工可能离最高管理者只有两个层级的间隔,增加了他们直接对话的机会。领导者可以利用网络联系组织内的成员,分派任务下达命令。企业管理制度是为了确保企业良好运行所制定的各种规章条例和奖惩措施等。信息化环境下员工的行为方式和思维习惯都发生了变化,企业要重新制定管理制度适应这种变化。管理制度一般是对人的一种行为约束,所以管理者首先要引导组织成员的行为,减少他们对新制度的不适感。

(四)信息化对企业精神文化的变革

企业的精神文化包括的内容非常广泛,像企业价值观、企业精神、企业使命、企业经营理念、企业道德观念等。精神文化是其他三种文化的升华也对它们形成指导,它受到文化背景、社会环境的影响比较大,处于企业文化的核心地位。在信息化时代,要想彻底对企业文化实施变革就必须要引领精神文化变革,推动其他文化的进一步变革。信息化时代各种新的经营理念相继出现,企业要想不被市场淘汰,就要努力更新自己的经营方式,引进先进的生产技术和设备,形成信息化的经营新理念。企业的价值观也要随之调整,信息化环境下的企业不再是一个只想着盈利的组织,要时刻关注市场和顾客的需求,以满足他们的需求为主,以顾客为主导,以服务社会为目标。企业要打破以往单打独斗的方式,增加与其他企业间的合作和交流,在企业内部创造一种学习型组织,实现自我学习、自我赶超。信息化营造了一种奋发向上的精神氛围,加速了企业精神文化的变革。

信息化的实施促进了组织文化的变革,同时组织文化的变革又会反过来加快企业信息化的建设,两者是相互促进的。企业要协调好它们的关系,最终能够促进企业的长久发展。

第三节　信息化与企业外部管理

企业内部管理和外部管理是按照管理模式的不同划分的,以上论述了信息化对于企业内部管理带来的影响,接下来主要讲述信息化对于企业外部管理的作用,主要研究供应链管理和客户关系管理这两方面。

一、信息化与供应链管理

(一)供应链的含义和特征

供应链是围绕核心企业,通过对信息流、物流、资金流的控制,从采购原材料开始,制成中间产品以及最终产品,最后由销售网络把产品送到消费者手中的将供应商、制造商、分销商、零售商直到最终用户连成一个整体的功能网络结构模式。它是一个范围更广的企业结构模式,包含所有加盟的节点企业,从原材料的供应开始,经过链中不同企业的制造加工、组装、分销等过程直到最终用户。它不仅仅是一条连接供应商到用户的物料链、信息链、资金链,而且是一条增值链,物料在供应链上因为加工、包装、运输等过程而增加其价值,给相关企业都带来利益。供应链是从产品的原材料开始到制成品销售完毕结束,期间要经过供应商、生产商、销售商等多个过程,每一个过程当中的企业都是一个节点,正是这些节点导致了供应链的鲜明特征。

▶▶ 1.复杂性

供应链所涉及的不是一个企业,它是由不同行业、不同种类的企业所构成的,从这种构成方式上就能显现出供应链的复杂性。另外,构成元素的多样性必然会带来管理的难度,增加管理的复杂性,特别是要围绕一个核心企业展开活动,要协调上下游企业的各种相关工作,这相比协调一个企业内部的关系要复杂得多。

▶▶ 2.动态性

这首先表现在供应链中的各个企业并不是固定不变的,核心企业可能会根据市场的变化和需求随时选择新的合作伙伴,即使是非核心企业可能因为自己业务发展的要求,而退出供应链,这导致了供应链外在不断变化和更新的动态中。其次,供应链中的某一个企业内部可能会发生变化、改革,这不仅改变了该企业的组织结构、业务经营方式,而且也影响了供应链中其他企业的业务,使之适应该企业的变化,这种动态性变化是经常发生的。

▶▶ 4.用户需求为主导

供应链中的企业与企业、企业与顾客之间的关系实际上就是供应与需求的关系。制造商对于原料供应商来说就是用户,经销商对于制造商来说就是用户,顾客对于经销商来说就是用户,用户具有何种需求就决定了企业要生产什么产品。同时,用户需求是促使供应链正常运行的保证,供应链中的信息流、资金流、物流等都是在用户需求下发生的。

▶▶ 5.交叉重叠性

这主要是因为企业经营业务的多样性和需求的复杂性决定的。一个企业经营的业务往往有多种,可能一种业务处在一条供应链上,而另一种业务处在另一条供应链上,或者企业经营一种业务,而这种业务处在多条供应链上。需求的复杂性致使企业要与多个不同的组织进行合作,在同一条供应链当中可能也会发生交叉的现象。

供应链管理的基本理念是符合企业发展要求的,它倡导一种面向顾客、以需求为主导、运用现代化技术和手段实现企业之间的双赢甚至是多赢的理念。

（二）信息化对供应链管理的影响

供应链管理本身就需要信息化作为支持，信息化是供应链管理的基础。首先，供应链管理的产生和发展是与信息化密不可分的，可以说如果没有信息化，要实现真正意义上的供应链管理是非常困难的，供应链所涉及的范围广、企业多，没有网络作为他们之间沟通和联络的手段，是无法快速应对环境变化的。再者，供应链中的各种数据、资料非常多，如果只靠人工来进行分析、整理，那么即使协调再好、沟通再流畅也是不能正确做出决策的。所以供应链管理对信息化的需求是显而易见的，反过来信息化的建设又对供应链管理产生了许多影响。

▶▶ 1. 供应链各环节的变化

信息化的实施对供应链流动的各个环节产生了重大变化，在供应链战略的实施上，通过对企业内外环境信息的广泛收集，与各个企业充分商讨，确定每个企业应该如何在恰当的时间以恰当的方式为整个供应链做出贡献，实现资源的充分利用；在分销渠道上，信息化带来了高效率的营销渠道，供应链企业之间可以共享客户资源，营销的方式也逐渐由线下转到线上；利用信息化带来的先进技术，可以实现对库存和物流的跟踪管理，企业不需要备留更多的产品，根据网络传来的及时信息合理控制库存，争取实现零库存管理，最大限度地减少企业的成本；良好的信息传输，使得制造商也能够对市场的需求和产品的动态有了更多的把握，他们不仅可以利用互联网直接寻找经销商，而且可以直接寻找最终客户，以前制造商的这种交易成本太大，难以实现与消费者的直接沟通，信息化拉近了他们之间的距离，改变了产品和服务的流通方式。这在一定程度上冲击着传统供应链的构成，经销商可能面临着越来越大的挑战，不仅要与其他经销商之间展开竞争，也要与制造商展开竞争，将使整个供应链的供需产生变化；信息化对于供应链的输出端即顾客来说，不管是对产品的质量还是产品的附加功能都有了更高的要求，顾客不仅关注于产品本身，而且对产品的制造流程、如何配送等必要的信息也更加关注。

▶▶ 2. 实现信息共享

这里的信息共享主要是指供应链内部信息的共享。网络虽然方便了人们搜集信息和传递信息，但是在庞大的信息数据库中找到真正对企业有价值的信息还是很困难的，特别是网络上充斥着虚假信息，让企业难辨真伪。所以在供应链内部便形成了信息共享,这些信息都是每个企业经过认真整理、分析之后的数据,解决了信息不确定性的问题。比如在供应链系统中可以应用 XML 技术,建立私有网络系统,集成各个企业内部的信息和它们搜集到的信息。供应链中的各个企业利用这些信息进行协作,可以把供应商、制造商、经销商、设计师、营销人员等利用网络技术集结起来,共同设计产品,这种网络协作设计极大节省了成本也降低了设计的复杂性,保证在最短的时间内设计出具有个性化能够满足顾客的产品。

▶▶▶ 3.供应链特征发生变化

供应链是在信息化的支持下才建立起来的,随着信息化的发展,供应链的特征也发生了变化。信息化使各个企业的信息更加透明,每个企业与顾客的距离也更加接近,一个企业具有的供应商和客户都比以前增多。供应链的动态性和交叉重叠性都更大,以顾客需求为主导的方式得到不断加强。在线合作中已经形成了虚拟供应链,这是充分利用信息化在网上进行合作,参与这种虚拟供应链的企业能够以最快的速度共享产品、库存、物流等情况,然后根据所得到的信息调整自己的计划,不断提高自己的竞争力。

信息化环境下,供应链将以满足客户个性化需求为主,可伸缩性和弹性将越来越大,注重企业间和跨行业的价值链建设,建立起新型的供应链系统。

二、信息化与客户关系

(一)客户关系管理的含义以及流程

客户关系管理(CRM)是现代管理思想的新发展与信息化技术相结合而出现的,它注重企业与客户之间长期关系的建立,把客户作为企业经营的中心。传统的企业经营往往只注重企业利益的多少,即使注意到了客户关系的重要性,也没有把这种理念贯彻到整个企业。客户关系管理的核心思想是把客户看作企业发展的基础,是企业的一种宝贵财产,通过提供给顾客满意的产品和服务,分析每一位顾客的个性化需求,给予他们属于自己的个性化定制,提高他们的客户忠诚度和满意度,保证顾客具有终身价值从而促进企业长期稳定的发展。企业应该把客户关系管理作为组织的一种管理机制,应用于企业的采购、生产、制造、人事、营销、售后等各个方面,协助他们及时了解客户的需求与他们建立良好的合作伙伴关系。可以说客户关系管理既是企业组织管理客户的手段和方法,也是一套完整的系统的实现管理、销售、客户关怀、客户服务流程自动化的软件和硬件系统。

客户关系管理的流程通常包括四个阶段：第一是信息管理阶段，客户关系管理系统从企业所从事的业务、ERP 系统、MIS 系统以及在供应链中共享的信息中提取有关的客户信息，对这些信息分门别类进行整理、归纳，这个阶段也可以称为信息挖掘阶段。第二是客户价值衡量阶段，对搜集来的信息用数据挖掘工具进行处理，更精确的找到对企业有价值的信息，然后给这些信息建一个独立的档案进行保存。第三是活动管理阶段，也是客户信息利用阶段，比如企业要推出新产品和新服务，那么就需要仔细分析这些信息，针对不同年龄段、不同消费水平等有目的地做出营销策略。第四是实施管理阶段，针对第三阶段所做出的分析和制定的策略，对特定人群实施具体的活动，比如电话通知、短信提醒、邮件通知、网站信息等方式。这四个阶段是相互联系的，通过活动之后搜集到的信息又回到了第一阶段，为下一次管理做好准备。

（二）信息化对客户关系管理的作用

▶▶ 1. 提升客户服务质量

信息化能够及时了解客户的动态和需求，分析他们对现有产品的态度和新产品的反应，对于有意见或者反应异常的客户要细致分析，通过计算机图表、数据的帮助，找出原因所在，并且及时与顾客进行沟通，让他们真正了解产品和服务。然后进一步观测顾客的变化，根据顾客行为在图表上的反应和走势，预测出他们以后的行为，也为企业下一步为他们制订合理的销售计划做好基础和准备。另外，企业要以拥有的客户信息为主，用计算机软件设定程序和参数，实现客户群体的细分。这种群体细分要比以往客户细分的更深入，借助于计算机可以邀请客户进行网上模拟购物测试以及个性、需求等测试，更加透彻地了解顾客，切实满足他们真正的需求，提高个性化服务，培养顾客的忠诚度。

▶▶ 2. 引导顾客消费

传统的消费方式是买方主导，或者是卖方主导，商家把制造的产品拿到市场上，顾客如果有需求就去买。信息化时代的市场竞争越来越激烈，如果企业不能先发制人，引导顾客进行消费，那么很难实现大的发展。引导顾客进行消费，并不是强迫顾客进行消费，而是激发起顾客的潜在需求，满足他们的这些潜在需求。客户关系管理是能够激发顾客潜在需求的方法之一，通过客户关系的良好建立，企业对顾客越来越了解,知道他们需要什么样的产品和服务,而顾客在接受企业良好的产品和服务的过程中越来越信任企业,愿意和企业合作,企业每推出新的产品和服务顾客都会关注。这样就会慢慢激发顾客的潜在需求,增加企业的销售,同时也提高顾客对于企业的满意度。

▶▶▶ 3.实现虚拟客户关系

信息化时代人们之间的交往方式和沟通方式都发生了很大改变,特别是网络购物、电子商务的崛起,彻底改变了人们传统的消费观念和习惯,这对于企业来说既是机遇又是挑战。企业必须充分认识到这种必然的趋势,在市场中快速抢占份额。企业经营主要涉及 B2B 和 B2C 这两种模式。在进入电子商务之后,企业不需要与客户进行面对面的交流,他们的需求也主要是靠网络搜索来实现,所以在电子商务中如何进行客户关系管理是非常重要的,这在一定程度上决定了企业是否能长久的生存下去。在电子商务中,企业与顾客的交流方式主要是邮件传递等,企业一定要掌握网络沟通技巧,比如适当的掌握网络用语等,这是有利于双方建立关系的。在顾客网上下完订单之后,就等于把自己的个人信息都交给了企业,这时候就是企业搜集信息的阶段,对信息的分析和整理大致上和传统的客户关系管理流程一样,所不同的是最后一个阶段具体活动的实施阶段。网络客户遍布不同的地区,企业很难把他们全都召集在一起参加具体的活动,但是信息化可以实现在线为顾客一对一地个性化设计和服务,以及新产品免费邮寄试用等。通过这种网络联络的手段建立起虚拟的客户关系,这是信息化主导下客户关系管理的新发展。

客户关系管理将成为一个企业增加销售额、扩大生产、持久发展的保障,利用信息化以及客户关系管理系统,将会使企业科学有效的对客户做出分析,采取有针对性的措施,提供更加满意更加周到的服务,真正实现以客户为主导的经营理念。

参 考 文 献

[1]姬雄华.陕北地区工商管理与经济发展研究[M].西安:陕西人民出版社,2019.

[2]李毅,东珠加,冯琳琳.工商管理学科创新人才培养模式探索与实践[M].北京:经济日报出版社,2019.

[3]王瑞华.中国工商管理案例精选[M].北京:中国财政经济出版社,2019.

[4]胡宁.工商管理企业分析与共享案例[M].北京:经济管理出版社,2019.

[5]李毅.工商管理学科创新人才培养的教与学[M].北京:经济管理出版社,2019.

[6]樊贵莲.工商管理理论与实践前沿丛书 产业集群创新多维邻近的协同作用[M].北京:经济管理出版社,2019.

[7]田广,周涛,马建福.管理与工商人类学[M].银川:宁夏人民出版社,2018.

[8]陈国生,魏勇,赵立平.工商企业经营与管理概论[M].北京:对外经济贸易大学出版社,2018.

[9]边明伟.工商企业经营管理案例教程[M].成都:西南交通大学出版社,2018.

[10]左芊.高职工商企业管理专业"订单式产学交替"教学模式研究[M].长春:吉林人民出版社,2018.

[11]陈颉,高楠.工商管理专业导论[M].北京:经济科学出版社,2018.

[12]毛蕴诗.工商管理前沿专题[M].北京:清华大学出版社,2018.

[13]张松炎.工商管理及信息化研究[M].郑州:郑州大学出版社,2018.

[14]王瑞华,贾晓箐,王玉霞.工商管理教学案例精选[M].北京:北京大学出版社,2018.

[15]师慧丽.工商管理专业教学论[M].北京:教育科学出版社,2018.

[16]马新建,李庆华.工商管理案例教学与学习方法[M].3版北京:北京师范大学出版社,2018.

[17]张晓.工商管理之企业战略变革[M].北京:九州出版社,2018.

[18]郭学军,秦丽娜,王倩.我国企业工商管理基本理论研究和实务分析[M].北京:中国商务出版社,2018.